W0175550

Friedens
preis **2022**
des Deutschen Buchhandels

Serhiy Zhadan

FRIEDENSPREIS DES DEUTSCHEN BUCHHANDELS

PEACE PRIZE OF THE GERMAN BOOK TRADE

2022

Serhij Zhadan

Ansprachen aus Anlass der Verleihung

Conferment Speeches

Börsenverein des Deutschen Buchhandels

German Booksellers and Publishers Association

Die Reden, die aus Anlass der Verleihung des Friedenspreises
des Deutschen Buchhandels an Serhij Zhadan am
23. Oktober 2022 in der Paulskirche zu Frankfurt am Main
gehalten wurden, folgen dem gesprochenen Wort.

ISBN 978-3-7657-3438-0
Copyright © Börsenverein des Deutschen Buchhandels e.V.
Frankfurt am Main 2022
im Verlag MVB GmbH

Texte, Redaktion und Lektorat
Martin Schult und Katrin von Boltenstern
Übersetzungen The Hagedorn Group, Claudia Dathe,
Isaac Stackhouse Wheeler und Reilly Costigan-Humes
Foto: Hanna Hrabarska
Gestaltung und Satz Farnschläder & Mahlstedt, Hamburg
Druck VD Vereinte Druckwerke GmbH, Frankfurt
Verarbeitung Buchbinderei Schaumann GmbH, Darmstadt

INHALT CONTENTS

Den Friedenspreis des Deutschen Buchhandels
verleiht der Börsenverein
im Jahr 2022 an

Serhij Zhadan

Wir ehren den ukrainischen Schriftsteller und Musiker für
sein herausragendes künstlerisches Werk sowie für seine humanitäre Haltung, mit der er sich den Menschen im Krieg zu-
wendet und ihnen unter Einsatz seines Lebens hilft.

In seinen Romanen, Essays, Gedichten und Songtexten
führt uns Serhij Zhadan in eine Welt, die große Umbrüche erfahren hat und zugleich von der Tradition lebt.

Seine Texte erzählen, wie Krieg und Zerstörung in diese
Welt einziehen und die Menschen erschüttern. Dabei findet
der Schriftsteller eine eigene Sprache, die uns eindringlich
und differenziert vor Augen führt, was viele lange nicht sehen
wollten.

Nachdenklich und zuhörend, in poetischem und radika-
lem Ton erkundet Serhij Zhadan, wie die Menschen in der
Ukraine trotz aller Gewalt versuchen, ein unabhängiges, von
Frieden und Freiheit bestimmtes Leben zu führen.

Börsenverein des Deutschen Buchhandels e.V.
Die Vorsteherin
Karin Schmidt-Friderichs

Frankfurt am Main, in der Paulskirche
23. Oktober 2022

The German Publishers and Booksellers Association
has chosen to award the 2022 Peace Prize
of the German Book Trade to

Serhij Zhadan

We honour this Ukrainian author and musician for his outstanding artistic work as well as for his unequivocal humanitarian stance, which repeatedly motivates him to risk his own life to help people affected by war and thus to call greater attention to their plight.

In his novels, essays, poems and lyrics, Serhiy Zhadan introduces us to a world that has experienced radical change yet continues to live on tradition.

His stories illustrate how war and destruction enter into this world and turn people's lives upside down. Throughout his entire oeuvre, he uses a unique language that provides us with a vivid and differentiated portrait of the reality that many of us chose to disregard for far too long.

Thoughtfully and with the precision of a true listener, in a poetic and radical tone, Serhiy Zhadan reveals how the people of Ukraine defy the violence around them, striving instead to lead independent lives rooted in peace and freedom.

German Publishers and Booksellers Association
Chairwoman of the Board of Trustees
Karin Schmidt-Friderichs

Frankfurt am Main, Church of St. Paul,
October 23, 2022

Karin Schmidt-Friderichs

Vorsteherin des Börsenvereins des
Deutschen Buchhandels

Fünf Jahre nach dem Zweiten Weltkrieg wurde der Friedenspreis des Deutschen Buchhandels erstmals verliehen. Mit dem Friedenspreis wollten die Buchhändler und Verleger dazu beitragen, Deutschland aus seiner kulturellen Isolation herauszuholen und humanistisches Gedankengut wieder in die Gesellschaft einzubringen. Seitdem sind mehr als 70 Jahre vergangen. Der Preis und seine Verleihung sind zu wichtigen Bestandteilen einer Auseinandersetzung geworden, in deren Zentrum die Frage nach Krieg und Frieden steht; die Frage, wie Verbrechen gegen die Menschheit verhindert werden können. Die mit dem Friedenspreis ausgezeichneten Menschen haben dabei immer wieder neue Aspekte eingebracht, Debatten angestoßen und nach Alternativen zu Gewalt und Krieg gesucht.

Auch in diesem Jahr war es die Aufgabe des Stiftungsrates, eine solche Person zu finden. Am 23. Februar trafen wir uns zum ersten Mal, um diese Arbeit aufzunehmen. Doch wie nähert man sich im frühesten Frühjahr der Frage, wem man im Oktober in der Paulskirche vor den Augen der Weltöffentlichkeit tiefste Anerkennung für Werk und Wirken aussprechen will? Welches Zeichen soll der Friedenspreis 2022 setzen? Am folgenden Tag, dem 24. Februar 2022, war die Welt nicht mehr die, die sie vorher war.

Frieden. Dieses Wort hat an diesem Tag ein anderes Gewicht bekommen. Der Klang des Wortes hat sich verändert – es herrscht Krieg. Krieg in Europa. Ein brutaler, rücksichtsloser, ein völkerrechtswidriger Angriffskrieg, der uns mit elementaren Fragen konfrontiert – und uns auch deshalb verstört, weil er viele unserer früheren Gewissheiten erschüttert. Tausende Menschen wurden seitdem in der Ukraine getötet: Soldaten. Aber auch Zivilisten. Frauen. Kinder. Gewalt und Zerstörung sind in die Städte und Dörfer eingezogen.

Und wir wollen einen Preis für den Frieden vergeben?

Suchendes Fragen bestimmt die Durchsicht der Unterlagen. Die Beschäftigung mit den Vorschlägen bedeutet jetzt immer auch ein Nachdenken darüber, wie diesem Krieg zu begegnen ist. Sehr bald begreifen wir: Wir werden und wollen bei der Entscheidung des Stiftungsrates in diesem Jahr nicht um diesen Krieg herumkommen. Selbst wenn wir nicht wissen können, was im Oktober sein wird.

◇

Der Mai kommt. Die Bilder vom Krieg werden immer konkreter, das Grauen immer sichtbarer. Die Diskussionen im Stiftungsrat helfen, das eigene diffuse Empfinden angesichts der Kriegsverbrechen und der Verbrechen gegen die Zivilbevölkerung zu ordnen. Umzugehen mit den Fragen, auf die wir keine Antworten haben. Hier nun wird gefragt, hinterfragt, argumentiert, auch gestritten. Aber für den Friedenspreis streitet man mit weisen, leisen Worten. Und wägt ab.

Zu unseren Diskussionen gesellt sich die Lektüre. Wir lesen den Roman »Internat«, 2017 im Original erschienen, und sind beschämt. Wir hätten das alles ahnen können, wenn wir diese literarische Annäherung an den Alltag des Krieges früher und bewusster gelesen hätten. Wir lesen die Gedichte dieser Stimme aus der Ukraine, und wir hören die Musik der Band Zhadan i Sobaki, wie das Lied »Diti«, dessen Text – auch in der Übersetzung – sprachlos macht.

»Es bleibt von der Nacht der dunkle Himmel,
Der Krieg geht weiter, die Kinder wachsen!
Und du gibst ihnen Liebe, denn außer dir
Wird sie keiner hier lieben!«

Serhij Zhadan begeistert uns – sprachlich, literarisch, musikalisch. Sein Engagement für die Menschen in seiner Heimat beeindruckt uns. Er spielt in Metrostationen, holt Menschen aus stark umkämpften Vierteln heraus, liest Gedichte vor vollen Sälen und verteilt Hilfsgüter in der Stadt. »Wir sind keine Kriegsanhänger«, sagt Serhij Zhadan über sich und die Ukrainer*innen, »wir wünschen uns sehnlichst ein friedliches Leben. … Leider lässt sich mit Dichtung kein Krieg gewinnen, aber Dichter können Zeugnis über Krieg ablegen.«

◇

Serhij Zhadan studierte in Charkiw Literaturwissenschaft, Ukrainistik und Germanistik. Er promovierte über den ukrainischen Futurismus. In den frühen Jahren des vorigen Jahrhunderts leisteten Künstler*innen aus der Ukraine einen wertvollen Beitrag zur internationalen Avantgarde. Der Futurismus erhob den Anspruch, eine neue Kultur zu begründen. Serhij Zhadan beruft sich in seinem Werk ausdrücklich auf diese Epoche; auf diese Blütezeit der ukrainischen Kultur.

Seit 241 Tagen erlebt er hautnah mit, wie diese Kultur zerstört wird, wie auch Theater, Kulturhäuser und Museen bombardiert werden mit dem Ziel, die ukrainische Identität zu zerstören. Er sieht, wie Bücher verbrannt werden. Sieht Menschen sterben. Sieht Freunde sterben. Meine Freunde, die in den Siebzigerjahren den Wehrdienst verweigerten, wurden mit Gewissensfragen konfrontiert. Was sie täten, wenn ihre Freundin angegriffen würde … Für Serhij Zhadan sind diese Fragen gelebte Realität. Erlittene Realität.

Vor wenigen Tagen ist sein jüngstes Buch erschienen, »Himmel über Charkiw«. Es versammelt seine Social Media Einträge seit eben jenem 24. Februar, der schon für uns die Welt verändert hat. Wie sehr erst für ihn! Der Krieg verändert alles. Er verändert

Menschen. Den Worten des Dichters, der immer wortgewaltig war, kann man jetzt anspüren, was der Krieg mit Menschen macht. Seine literarische Stimme ist verstummt. In den sozialen Medien schreibt er weiter: Dokumentierend. Mut machend. Nicht literarisch.

Was passiert mit einem Künstler, dessen Kultur – so das Ziel Putins – ausgelöscht werden soll? Was passiert mit einem Autor, dem die Sprache genommen werden soll? »Am Anfang war die Sprachlosigkeit«, schreibt Carolin Emcke, Friedenspreisträgerin von 2016, in ihrem Buch »Von den Kriegen«. »Wie sollte ich das Erlebte in Worte fassen, die … nicht abschreckten? Wie diese Begegnung mit Tod und Zerstörung beschreiben? Wie soll ich erklären, dass Krieg und Gewalt sich in uns einnisten?«

◇

Die Welt sucht nach Antworten seit dem 24. Februar. Und sie tut sich damit schwer. Wir Deutschen, weil wir zwei Mal die Schuld eines Krieges auf uns geladen haben. Weil wir wissen, dass wir nicht wissen, wie es ist, angegriffen zu werden und nicht selbst der Aggressor zu sein.

»Leider lässt sich mit Dichtung kein Krieg gewinnen, aber Dichter können Zeugnis über Krieg ablegen.«

Danke, lieber Serhij Zhadan, dass Sie uns mit Ihrer Dichtung auf die wesentlichen Fragen zurückwerfen, uns herausfordern, verunsichern. Danke, dass Sie die lange Reise auf sich genommen haben, weg von Ihren Landsleuten, um die Sie sich sorgen und für die Sie unermüdlich da sind – unter Einsatz Ihres Lebens! Danke für Ihre Romane, Ihre Gedichte, Ihre Musik. Das Zeugnis, das Sie ablegen. Über den Krieg.

Danke, Serhij Zhadan.

Karin Schmidt-Friderichs

President of the German Publishers
and Booksellers Association

The Peace Prize of the German Book Trade was awarded for the first time five years after the end of World War II. In creating the award, Germany's publishers and booksellers sought to draw the country out of its cultural isolation and re-establish humanist ideas in society. Since then, more than 70 years have passed. In that time, the Peace Prize and its annual award ceremony have become key components in an ongoing discourse focussed on issues of war and peace and how to prevent crimes against humanity. Year after year, each successive recipient of the Peace Prize has added new dimensions to the discourse, initiating groundbreaking debates and positing alternatives to violence and conflict.

In 2022, the Board of Trustees once again took up the challenge of finding such a remarkable person, meeting for the first time on 23 February. On that day in very early spring, we asked ourselves how best to approach our task: Whose work and civic accomplishments could we imagine wanting to pay tribute to before the eyes of the world more than half a year later in the Church of St. Paul? Was there any particular signal we wished to send out by means of the Peace Prize in 2022? Little did we know that on the following day, 24 February 2022, the world would change irreversibly.

Peace. On that day in February, this word took on a different weight. The sound of the word changed. There is now a war going on. A war in Europe. A brutal, ruthless war of aggression that violates international law and forces us to confront fundamental questions. A war that unnerves us for the simple reason that it shatters many of the concepts we once thought incontrovertible. Thousands of human beings have since been killed in Ukraine.

Soldiers. But also civilians. Women. Children. Violence and destruction have made their way into many cities and villages.

And our task was to award a prize for peace?

Our review of the names suggested as potential prize recipients was marked by searching questions. Plus, our consideration of each nomination was now also associated with finding the most effective means of opposing the war. Very early on, all of us on the Board of Trustees knew that we were not going to be able to sidestep the war in this year's decision-making process – nor did we have any intention of doing so. We knew we were going to have to address the issue, even though it was impossible to have any sense of how the situation might have changed by October.

◇

May arrived. Images of the war in Ukraine became more concrete, the horror ever more visible. Our discussions on the Board of Trustees helped us sort out our own scattered feelings as we tried to make sense of the war crimes and human rights violations. We tried to process questions to which we had no answers. We made inquiries, discussed, debated and sometimes disagreed. Still, when it comes to the Peace Prize, one argues with wise and quiet words. One considers everything carefully.

Of course, our discussions went hand-in-hand with enthusiastic reading. We read the novel »Internat« (tr. The Orphanage), published in the original in 2017, and were overcome by shame. If we had picked up this literary expression of everyday life in times of war earlier and read it more consciously, we might have been able to anticipate the current situation. We read the poems of this voice from Ukraine, and we listened to the music of the band known as Zhadan i Sobaki; for example, the song »Diti«, the lyrics of which – even in translation – rendered us speechless.

»From the night, the dark sky remains,
The war goes on, the children grow!

And you give them love, for except you
No one here will love them!«

Serhiy Zhadan inspired us – in his use of language, in his books and poems and in the music he makes. We were awed by his commitment to the people of his homeland. Today, he continues to play concerts in underground subway stations, help civilians escape gunfire and shelling, give poetry readings to packed halls and distribute aid in the city. »We are not supporters of the war«, says Serhiy Zhadan about himself and his fellow Ukrainians, »we yearn for a life of peace. … Unfortunately, you can't win wars with poetry. But poets can bear witness to war.«

◇

Serhiy Zhadan studied literature, Ukrainian Studies and German Studies in Kharkiv. He wrote his doctoral thesis on Ukrainian Futurism. Indeed, in the early decades of the 20th century, Ukrainian artists made valuable contributions to the international avantgarde. At the time, Futurism sought to establish a new culture. In his work, Serhiy Zhadan explicitly refers to this epoch, that is, to a golden age of Ukrainian culture.

Today, and for the past 241 days, he has experienced first-hand the extent to which this culture is being destroyed; how even theatres, cultural sites and museums are being bombarded in an attempt to destroy Ukrainian identity. He has seen books being burned. Seen people dying. Seen friends dying. In the 1970s, the friends of mine who refused to engage in military service here in Germany were confronted with hypothetical questions of conscience; for example, what would they do if their girlfriend was attacked, and the like. For Serhiy Zhadan, such questions are a lived reality. An experienced, hands-on reality.

His latest book, »Himmel über Charkiw« (tr. Sky Above Kharkiv), was published in German translation only a few days ago. It is a collection of his social media posts since 24 February, that fateful day that changed the world – for us and, far more radically, for Serhiy Zhadan! War changes everything. It changes people. In fact, it is in the words of this usually so eloquent poet that we now get a deep sense of what war does to people; his literary voice has fallen silent. He continues to write on social media, but in a documentary tone. Supportive words of courage. Not works of literature.

What happens to an artist whose culture – and this is indeed Putin's aim – is being wiped out? What happens to an author whose language and power of speech are being taken from him? »At first, there was only speechlessness«, wrote 2016 Peace Prize recipient Carolin Emcke in her book »Echoes of Violence«. »How to convey my experiences in words in a way that would not disturb [my friends]? How to describe this encounter with death and destruction? How to explain that war and violence inscribe themselves on your soul and continue to live with you?«

◇

Since 24 February, the world has been looking for answers. And it is having a hard time finding them. It is particularly difficult for us Germans, well-known for having started two world wars. We know that we do not know what it is like to be attacked – and not to be the aggressor ourselves.

»Unfortunately, you can't win wars with poetry. But poets can bear witness to war.« Thank you, dear Serhiy Zhadan, for bringing us back to the essential questions through your work. Thank you for challenging us, for unsettling us. Thank you for undertaking the long journey, away from your fellow citizens whom you care for and on whose behalf you are tirelessly active – at the risk of your own life! Thank you for your novels, your poetry, your music. And thank you for your testimony. For bearing witness to war. Thank you, Serhiy Zhadan.

Translated into English by The Hagedorn Group.

Ina Hartwig

Dezernentin für Kultur und Wissenschaft
der Stadt Frankfurt am Main

Im Namen der Stadt Frankfurt begrüße ich Sie herzlich in der Frankfurter Paulskirche zur Verleihung des Friedenspreises des Deutschen Buchhandels 2022 an den ukrainischen Schriftsteller und Musiker Serhij Zhadan.

◇

Am Morgen des 28. April 2022, etwas mehr als zwei Monate nach Beginn des russischen Angriffs auf die Ukraine, vermeldet das Nachrichtenportal »Spiegel Online«: »Durch Beschuss sind in der Region Charkiw ukrainischen Angaben zufolge mindestens drei Menschen getötet und sechs verletzt worden, darunter ein 14 Jahre altes Kind. Die örtliche Verwaltung machte Russland in der Nacht zu Donnerstag für die zivilen Opfer verantwortlich. Zwei der sechs Verwundeten seien schwer verletzt, teilte der regionale Militärchef […] mit.«

Am selben Tag um 17:27 Uhr notiert Serhij Zhadan: »In Charkiw findet ein Rockabilly-Konzert statt / Die Stadt klingt und ergibt sich nicht / Allen einen guten Abend.«

In Zhadans Aufzeichnungen aus seiner umkämpften Heimatstadt, soeben unter dem Titel »Himmel über Charkiw« als Buch erschienen, lesen wir ebenfalls von Bombardierungen und von Opfern, vom tagtäglichen Kampf ums Überleben und der fürchterlichen Brutalität des Krieges. Aber wir lesen auch von Hoffnung und Zuversicht, von trügerischer Normalität in einer apokalyptisch anmutenden Situation. Wir lesen von den vielen Menschen, denen Zhadan auf seinem Weg durch die Stadt begegnet. Und vom Vertrauen auf die Kultur: »Es wird weiter eine Stadt der Dichter und Universitäten sein, ihr werdet sehen«, schreibt er.

Die meisten in Deutschland erleben den Krieg gegen die Ukraine vermittelt – durch Bilder und Berichte in den Medien, als Thema politischer Diskussionen um Waffenlieferungen und in der Begegnung mit Menschen, die aus der Ukraine geflüchtet sind und die, hin- und hergerissen zwischen ihrer Heimat und Deutschland, weder hier noch dort mehr ein normales Leben führen können. Für die ältere Generation, der das Trauma des zweiten Weltkriegs, seiner Schrecken und seiner großen Schuld, noch in den Knochen steckt, bedeutet dieser neue Krieg in Europa die schreckliche Wiederkehr des Verdrängten.

◇

»Der Himmel über Charkiw war heute hoch und klar, und die Wolken irgendwie leichtsinnig sommerlich. Die schweren Schneekappen fallen von den Dächern. In der Stadt selbst ist es still, daher sehen sich die Menschen um, wenn Schnee herabrutscht. In der Stadt ist Frühling. Und in der Stadt ist Krieg.« – notiert Zhadan am 6. März um 17:41 Uhr.

In Sätzen wie diesen vernehmen wir das deutliche Echo jener Poesie, die etwa auch Zhadans »Warum ich nicht im Netz bin. Gedichte und Prosa aus dem Krieg« durchwirkt, die 2016 in der Übersetzung von Claudia Dathe auf Deutsch erschienen sind. Es ist eine Sprache, die auch im größten Schrecken immer auch der Schönheit ihre Reverenz erweist. Eine Sprache der Annäherung und der Verständigung, die in ihrem Tasten und Abwägen die Wahrheit sucht. Die den Humanismus sucht und manchmal den eigenen Abgrund – den Hass – entdeckt.

Die Wahrheit der Literatur ist ganz gewiss eine andere als die der Medien. Poesie und Prosa sind vielschichtiger, widersprüchlicher, mitunter auch hermetischer. Sie sprechen zu uns auf andere Weise, berühren tiefer, bisweilen schockhafter. Welche Wahrheit aber spricht die Literatur? Welche Ansprüche stellen wir an sie –

zu Recht oder möglicherweise auch zu Unrecht? »Jetzt nichts als Widerstand, Kampf und gegenseitige Unterstützung. Es gibt keine Worte. Einfach keine«, schreibt Serhij Zhadan am 3. April 2022, als die grausamen Bilder aus Butscha um die Welt gehen.

◇

In Zeiten des Krieges einen Friedenspreis zu verleihen, ist ein Appell. Dies umso mehr, als die Etablierung des Friedenspreises des Deutschen Buchhandels kurz nach dem zweiten Weltkrieg ein Signal an die Welt sein sollte, dass Deutschland seine Lehren aus der Geschichte ziehen werde. Dies hier in der Paulskirche, die wir im kommenden Jahr zum 175. Jubiläum der Märzrevolution als Gründungsort der deutschen Demokratie feiern. Ich könnte mir in diesem Jahr keinen würdigeren Preisträger als Serhij Zhadan vorstellen und gratuliere Ihnen von Herzen zu dieser Auszeichnung!

Möge sie ein Gruß an die Ukrainerinnen und Ukrainer sein, dass wir ihnen Frieden in einem befreiten Land wünschen. Mit dem Frieden jedoch wird auch der Versöhnung wieder eine Chance gegeben werden müssen, es geht gar nicht anders. Und so möchte ich zum Abschluss die große Dichterin Nelly Sachs zitieren, die Friedenspreisträgerin des Jahres 1965. Sie schrieb: »Immer / dort wo Kinder sterben / werden die leisesten Dinge heimatlos.«

Ina Hartwig

Councillor for Culture and Science
of the City of Frankfurt am Main

O n behalf of the City of Frankfurt, I would like to welcome you to the Church of St. Paul in Frankfurt for the awarding of the Peace Prize of the German Book Trade 2022 to the Ukrainian author and musician Serhiy Zhadan.

◇

On the morning of 28 April 2022, just over two months after the start of the Russian attack on Ukraine, the German news website »Spiegel Online« reported the following: »According to Ukrainian sources, shelling in the Kharkiv region has killed at least three people and injured six, including a 14-year-old child. Local officials early this morning blamed Russia for the civilian victims. The regional military chief announced that two of the six wounded were seriously injured«.

Later that same day, at 5:27 pm, Serhiy Zhadan wrote the following: »There's a rockabilly concert in Kharkiv / The city rings out and refuses to surrender / Have a great night, everyone.«

In Zhadan's dispatches from his embattled hometown – recently published in German translation as »Himmel über Charkiw« (»Sky Above Kharkiv«) – we also read of the shellfire and the victims, of the daily struggle for survival and the terrible brutality of war. But we read of hope and confidence, too. Of a deceptive sense of normality in an apocalyptic setting. We read of the many people Zhadan meets as he makes his way through the city. And of a belief in culture: »It will continue to be a city of poets and universities, you'll see«, he writes.

Most of us living in Germany experience the war in Ukraine in mediated form. We encounter it, that is, via media reports and images, as the subject of political debates over arms shipments and in encounters with people who have fled Ukraine – those individuals torn between Germany and their homeland who can no longer lead normal lives regardless of where they find themselves. For many members of an older generation who still carry the trauma, horrors and tremendous guilt of World War II in their bones, this new war in Europe has meant the terrible resurfacing of the repressed.

◇

On 6 March 2022 at 5:41 pm, Zhadan wrote: »Today, the sky above Kharkiv was high and clear and the clouds were somehow carelessly summer-like. Piles of heavy snow are falling from the rooftops. In the city itself, it's quiet, so whenever snow slides down, people turn around and look. In the city, it's spring. And in the city, there's war«.

In sentences like these, we hear a clear echo of the poetic voice that permeated, for example, Zhadan's collection of poems and prose, » Warum ich nicht im Netz bin. Gedichte und Prosa aus dem Krieg«, published in German translation by Claudia Dathe in 2016. It is a language that never fails to pay tribute to beauty, even amidst the greatest of horrors. A language of rapprochement and understanding that is always looking for the truth in everything it contemplates and grapples with. A language that seeks humanism and sometimes discovers its own abyss – hatred.

The truth of literature is different from the truth of the media. The latter is primarily concerned with facts and their classification. Poetry and prose, on the other hand, are more complex, more contradictory, sometimes even more hermetic. They speak to us in a different way. They touch us more deeply and sometimes in a more shocking way.

What truth does literature speak? What kind of demands do we place on literature – whether for right or wrong reasons? »Now there is only resistance, struggle and mutual support. There are no words. Simply none«, wrote Serhiy Zhadan on 3 April 2022, the day images of the Bucha massacre went around the globe.

◇

The awarding of a prize for peace in a time of war is an earnest plea. Indeed, the creation of the Peace Prize of the German Book Trade shortly after the end of World War II was a signal to the world that Germany intended to learn the lessons of its own history. And it would do so here in the Church of St. Paul, the site of the founding of German democracy, which we will celebrate next year on the 175th anniversary of the March Revolution. I cannot imagine a more worthy recipient of the Peace Prize this year than Serhiy Zhadan. I congratulate you from the bottom of my heart on receiving this award!

May it function as a greeting to the Ukrainian people that we wish them peace in a free and liberated country. Alongside peace, however, reconciliation will also have to be given a chance, there is no other way. In this spirit, I would like to conclude by quoting the great poet Nelly Sachs, recipient of the Peace Prize in 1965. She wrote: »Always / where children die / the quietest things become homeless«.

Translated into English by The Hagedorn Group.

Sasha Marianna Salzmann

Schreiben aus der Lunge heraus

In James Baldwins Essay »Der Kampf des Künstlers um Wahrhaftigkeit« finden wir die folgende Zeile: »Dichter (und damit meine ich alle Kunstschaffenden) sind letztlich die Einzigen, die die Wahrheit über uns wissen. Nicht die Soldaten. Nicht die Staatsmänner. Nicht die Priester. … Nur Dichter.« Künstler*innen besitzen zwar eine gesellschaftliche Verantwortung, doch: Sie stellen sich zu keiner Wahl auf, erteilen niemandem die Absolution, greifen nicht zur Waffe. Ihre Aufgabe ist es, unbestechlich zu beschreiben, was ist. Was sie sehen. Wovon sie Zeug*innen werden. Sie richten und urteilen nicht. Sie suchen nach Worten, die Gültigkeit haben werden auch noch in einem nächsten Jahrzehnt, in einem nächsten Jahrhundert. Aus der Komplexität menschlicher Empfindungen flechten sie Zöpfe eng an die Kopfhaut der Welt – und halten damit die Erdkugel zusammen.

Wir wissen voneinander nicht aus den Geschichtsbüchern, sondern aus der Kunst. Wir wissen von der Innenseite des Menschlichen nicht aus den Wissenschaften, sondern von Malereien auf den Wänden der Steinzeithöhlen. Wir erfahren kaum etwas voneinander aus den Tagesnachrichten. Dort kommt das gelebte Leben nicht vor. Dort sind die Schockmomente, der Alarmismus, die Eskalation zu Hause. Dagegen kann die Poesie nichts tun. Auch ist sie weder für moralischen Beistand zuständig, noch kann sie als Friedensbringer dienen.

Frieden ist in den heutigen Tagen ein viel zu großes Wort, um es als Metapher zu benutzen. Kann Poesie Frieden stiften? Vielleicht den inneren Frieden. Einen Moment der Reparatur der Welt, in dem ein Einzelner aufatmet. Indem sich jemand in einem Gedicht wiedererkennt, oder in einem Satz, oder in einer Szene, und plötzlich wie über ein weites Feld schaut und nicht mehr in den eigenen Abgrund. Poesie kann das beklemmende Gefühl, dass die Welt in ihre Einzelteile zerfällt, für kurze Zeit lindern. Um es mit dem diesjährigen Friedenspreisträger Serhij Zhadan zu sagen: »Natürlich können Bücher den Krieg nicht beenden. Aber Bücher können dir im Krieg helfen, du selbst zu bleiben, dich nicht zu verlieren, nicht unterzugehen.«

◇

»Früher nannte man ihn den ukrainischen Rimbaud, jetzt ist er … Zhadan«, schreibt Juri Andruchowytsch über seinen jüngeren Kollegen: »… sicher im Ton, makellos in den Details, … anarchisch und kompromisslos sozial, zugleich absolut poetisch …«. Wie funktioniert das Prinzip Zhadan? Der Dichter legt seine Finger auf die Pulsschlagader der Menschen um ihn herum. Wir als Lesende sind stets mitten unter jenen, die früh am Morgen die Tore zu den Schlachthöfen öffnen, wir sitzen mit ihnen abends in den Kneipen, schlafen neben ihnen in den Baracken. Aber dieser Autor ist kein Realist, eher ein hoffnungsloser Romantiker – leidenschaftlich gerne beschreibt er den Himmel, den tauenden Schnee, die ihre Farbe wechselnden Kronen der Bäume. Momente von Futurismus und von Mystik flackern auf in seinem Schreiben. Popsongs, Paul Celan und Georg Trakl tauchen auf. Neben den dubiosen Helden*innen eines unbewältigbaren Alltags haben von allem Anfang an Engel in seinen Texten Platz (es wird auf sie geschossen, von ihren Flügeln regnet es Federn auf die Welt), am Rande der Stadt werden Hexen gehängt, an Gott wird appelliert, und immer wieder erstrahlt die Stadt Charkiw als eine Kloake der Glückssuchenden, die in ihrem feuchten Maul alle und alles zu verschlingen scheint. Neben den Desperados ist für Serhij Zhadan die Heimatstadt eine beinahe schon erotisch aufgeladene Inspirationsquelle. Er beschreibt Charkiw wie eine Geliebte, sucht immer und immer wieder neue Seiten an ihr, huldigt ihr, verdammt sie. Seine Protagonist*innen versuchen sie zu erobern, in ihr einen Platz zu finden, aber sein, wie Zhadan Charkiw nennt, »Mesopotamien, weil Mesopotamien für Babylon steht«, ist uneinnehmbar.

Die zahlreichen Gedicht- und Erzählbände, die Romane und Essays entfalten eine Wirkung, die an die Gemälde von Pieter Bruegel erinnert. »Der Kampf zwischen Karneval und Fasten«, »Die Kinderspiele«, »Die Bauernhochzeit«: hektische Wimmelbilder, die so aufregend sind, dass man, unfähig wegzuschauen, nicht anders kann, als den Wegen der Portraitierten nachzuspüren. Wie sind sie dorthin gelangt? Was ist ihnen auf dem Weg geschehen? Woher kommt dieses gleißende Licht auf ihren Gesichtern?

Zhadan malt Tableaus, auf denen unvergessliche Randgestalten sich in das Bewusstsein der Leserschaft hineinsaufen und hineinraufen, sich einmeißeln in das Narrativ einer sich neuverortenden ukrainischen Gesellschaft. Man liest seine Bücher »Anarchy in the UKR« oder »Hymne der demokratischen Jugend« oder »Die Erfindung des Jazz im Donbass« und schmeckt das Blut der Perestroika im Mund. Man begreift ein wenig vom gelebten Leben derjenigen, die durch einen eisernen Vorhang von einem getrennt waren. Oder man begreift, wenn man auf der anderen Seite dieses Vorhangs aufgewachsen ist, mehr über sich selbst. Über die kollektive Erfahrung der postsowjetischen Jahre.

»Er hat mich dazu gebracht, ukrainische Kultur zu entdecken. Er hat mich verstehen lassen, dass wir überhaupt eine eigene Kultur haben«, sagte eine junge Besucherin des Konzerts von Serhij Zhadan und seiner Band Sobaki dieses Jahr in Frankfurt. Ganz unzweifelhaft spricht sie für jene Generationen von Ukrainer*innen, die sich von dem post-diktatorischen Schutt, dem Erbe der Sowjetunion, haben mühsam befreien müssen. Und leider spricht sie auch für viele von uns, die allzu lang die große ukrainische Kulturnation weitgehend ignoriert haben.

Serhij Zhadan ist mit seiner Literatur und seiner Musik gerade auf einer Tournee durch Europa, damit die Verbindung zu jenen, die aus der Ukraine fliehen mussten, nicht abreißt. Damit sie auch ein Stück Normalität haben können im Exil. Von humanistischer Haltung zeugt Serhij Zhadans Werk allerdings von Anfang an, noch vor dem Ausbruch dieses entsetzlichen Krieges.

Die Perspektive, die ein Schreibender bei seinen Beobachtungen einnimmt, verrät alles über seine Haltung zur Welt. Zhadan, der uns in seinem Werk so viele unterschiedliche Biografien wie nur möglich vergegenwärtigt, wählt nie die Vogelperspektive. Wir werden in seinem Blick keine Distanz erkennen.

Wenn in seinem Debütroman »Depeche Mode« der Protagonist Dog in die Psychiatrie eingewiesen wird, dann kommt Zhadan mit. Er sitzt an seinem Bett, er folgt ihm in das Zimmer des Chefarztes, wo Dog »Spiritus, Ascorbinsäure und irgendwelche Tabletten auf einmal« schluckt. Er ist dabei, wenn man seinen Freund am nächsten Morgen auf dem Boden findet und versucht, ihn wiederzubeleben.

In seinem Gedichtband »Warum ich nicht im Netz bin« besucht der Dichter Typen wie Jura, einen studierten Historiker, der sich im Internet für eine Tschetschenin ausgibt, eine Scharfschützin. Er »schreibt über ihren Glauben / schreibt über ihre Zweifel / schreibt über ihr Feingefühl, / führt eine Strichliste auf ihrem Gewehrschaft ...« Jura zeigt Zhadan seine Posts. Die beiden sitzen in einem dunklen, stickigen Raum, der nur vom Bildschirm des Computers beleuchtet wird, und Zhadan registriert, dass in Juras Wohnung natürlich keine Gewehre zu finden sind. Aber er verrät Jura nicht. Er hört ihm zu und macht selbst Notizen.

Der erste Text in dem Gedichtband »Antenne« ist ein Nachdenken über den eigenen Vater, der zu Zhadans großem Erstaunen Tagebuch führt, obwohl er sonst nicht liest (auch nicht die Bücher seines Sohnes) und nicht einmal Briefe schreibt. Seine Handschrift ist auffällig ungeübt. Stattdessen macht der Vater seltsame Einträge über sein Leben: »eine Art Chronik der vergehenden Zeit, … wo er gewesen war, … wer ihn angerufen hatte«. Wer braucht schon sein Tagebuch?, fragt sich der Sohn nach der Beerdigung des Vaters. Die Antwort liegt auf der Hand: Er. Das ist unmissverständlich: Er, Zhadan. Denn Serhij Zhadan ist der Sammler und Erfinder zahlreicher Tagebücher. Er führt Tagebuch für diejenigen, deren Leben nicht für Held*innengeschichten taugt. Die unbemerkt wieder aus der Menschheitsgeschichte verschwinden. Diesen Individuen, fiktiven wie realen, widmet er sein gesamtes Werk.

◇

»… Dichter in vorrevolutionären Zeiten … haben eine schwierige Rolle … Du musst da sein, wenn der Sturm vorüber ist. Du wirst in den nächsten Sturm geraten. Sturm ist immer«, heißt es bei James Baldwin. Möglicherweise rührt die verführerische Energie von Serhij Zhadans Arbeit aus der Illusion, dass die Rolle, die er übernommen hat, gar nicht so schwer sei. Immer ist er mitten unter seinen Leuten. Er schreibt und spricht sozusagen aus deren Lunge heraus. In Zhadans Poesie holt die ukrainische Gesellschaft Luft. Und nicht nur die ukrainische. Dank der herausragenden Übersetzungsarbeit von Claudia Dathe, Juri Durkot und Sabine Stöhr kann die deutschsprachige Leserschaft nicht nur einen Eindruck davon bekommen, wie es in der ukrainischen Fremde zugeht. Poesie, wenn sie gelingt, flicht uns zusammen. Wir suchen und finden gemeinsame Erfahrungen und wenn es nur die Erfahrung eines geteilten Gefühls ist. Das »Andere« wird in der Poesie die Erfahrung des Selbst. »Wir sind nicht ›anders‹. Wir sind Möglichkeiten. Und wenn man Romanliteratur von uns und über uns liest, eröffnet sich die Möglichkeit, Zentren des Ichs zu betrachten …«, schreibt Toni Morrison in »Selbstachtung«.

In Zhadans Roman »Depeche Mode« findet sich eine Figur, Zhadan genannt, in der Lunge eines Engels wieder, während auf diesen Engel eingedroschen wird. Unweigerlich drängt sich das Bild nun unter ganz anderen politischen Vorzeichen auf.

Wie also Frieden erreichen, wenn auf einen eingedroschen wird? Wie auch nur eine wahrhaftige Zeile schreiben, wenn das Bombardement die Alltagsgeräusche bestimmt? Wie diesen Krieg vermitteln? Ist ein Krieg vermittelbar? In seinem letzten Buch, »Himmel über Charkiw«, eine Art Tagebuch der ersten Kriegsmonate in diesem Jahr 2022, heißt es: »Das Schreiben widerspricht dem Tod. Der Wunsch, Gefühle und Bedeutungen festzuhalten, Erzählungen zu umreißen, Motive nachzuerzählen, verträgt sich überhaupt nicht mit der Idee von Zerstörung, Vernichtung, Verschwinden. Wir greifen nach dem Schreiben wie nach der trügerischen Möglichkeit, die Konturen der Wirklichkeit einzufangen und zu bewahren … Inwiefern ist diese Illusion berechtigt? Jedenfalls ist sie ungebrochen – «

Und durch seinen unbeugsamen Willen, »Konturen der Wirklichkeit einzufangen«, hält der Dichter die Wirklichkeit beisammen. Sie zerfällt nicht mehr, jedenfalls für kurz nicht mehr, in einzelne ausgestanzte Teile. In einer Zeit, in der Worte, Positionen, Urteile uns wundreiben bis aufs Fleisch, schafft dieser Dichter Momente des Aufatmens durch radikale Menschlichkeit.

Aber was heißt das schon, menschlich sein? Was heißt schon menschlich bleiben auch in Finsteren Zeiten? Ein vielzitierter Satz aus Hannah Arendts Dankesrede anlässlich der Verleihung des Lessingpreises lautet, »Menschlichkeit erweist sich in der Freundschaft, nicht in der Brüderlichkeit«. Die politische Theoretikerin bestand darauf, dass das, was uns zu Menschen macht, die philia ist. Und das wahre Wesen von Freundschaft sei das Gespräch. Das Gespräch mache uns zu Menschen: »Denn menschlich ist die Welt nicht schon darum, weil sie von Menschen hergestellt ist, und sie wird auch nicht schon dadurch menschlich, dass in ihr die menschliche Stimme ertönt, sondern erst, wenn sie Gegenstand des Gesprächs geworden ist.«

Wie man als Aktivist menschlich, also im Gespräch mit anderen, bleibt, ist offensichtlich: Die ganze Welt kann auf Social Media verfolgen, wie Serhij Zhadan im umkämpften Charkiw Menschen evakuiert, Bedürftige versorgt, zu Schutzsuchenden in die Metrostationen steigt, um mit ihnen zu singen. Bereits vor der Kriegsausweitung im Februar 2022 war er dafür bekannt, dass er entlang der Demarkationslinie zu den im Donbass besetzten Gebieten Militärstützpunkte besuchte und den Soldaten seine Gedichte vorlas.

Aber wie geht Menschlichkeit in der Poesie?

Jeder einzelne von Zhadans Texten wird bestimmt von der Haltung des Dialogs, der Auseinandersetzung mit seiner Außenwelt. Seine Dichtung ist nie hermetisch, nie in sich verschlossen. Ein Auge schaut immer hinaus in die Welt, eine Hand scheint ausgestreckt und bereit, die Lesenden mit ins Gespräch zu ziehen.

Kein Soldat. Kein Staatsmann. Und kein Priester. Niemandem wird hier Absolution erteilt. Niemand stellt sich zur Wahl oder kann sie gar gewinnen. Ja, der Dichter sieht, was geschieht, aber er ist kein Seismograph, der nur stoisch die Erdbebengefahr protokolliert. Er ist ein Freund. Einer, der versteht, und wenn er nicht versteht, ist er bereit, zuzuhören. Hier ist einer, der sich mit an den Tisch setzt und das Glas hebt. Der auf den Hochzeiten seiner Desperados mittanzt. Einer, der bei jeder Beerdigung, von der er erzählt, dabei war. Einer, der die Gabe hat, die Stimme des Einzelnen auf ewig in seinen Texten weiterleben zu lassen. So, dass sie Gültigkeit hat in einem nächsten Jahrzehnt, in einem nächsten Jahrhundert.

Was Prosa, Poesie – Kunst überhaupt – nicht kann, ist die Welt zu retten. Sie gewinnt keine Kriege. Sie liefert, wenn es ihr ernst ist, keine Heilsversprechen. Aber was sie kann, ist den Augenblick herstellen, in dem man erleichtert, erstaunt oder verzückt aufatmet. Und dieses kurze Luftholen mag einen Moment des Friedens enthalten. Denn Luft holen ist immer auch ein Zeichen der Hoffnung.

◇

Serhij, du sagtest neulich bei einer Veranstaltung auf die Frage hin, was du tun wirst nach dem Sieg der Ukraine: »Lesen. ... Und Schreiben. ... Das ist ein Hunger.« Ich wünsche dir eine baldige Einkehr in die Ruhe deines Lese- und Schreibzimmers. Umgeben von Büchern, Blättern, Notizheften. Auf dass dein Hunger gestillt wird. Und gleichzeitig: auf dass dein Hunger nie gestillt werden möge und wir immer weiter von dir lesen.

Mazel tov zum Friedenspreis des Deutschen Buchhandels!

Sasha Marianna Salzmann

Writing from the lungs

In his essay »The Artist's Struggle for Integrity«, James Baldwin writes that »[…] the poets (by which I mean all artists) are finally the only people who know the truth about us. Soldiers don't. Statesmen don't. Priests don't. […] Only poets«. Artists have a social responsibility, yes, but they do not stand for election, they do not grant absolution, they do not take up arms. Their task is to describe what they see, what they witness, in an incorruptible way. Their task is not to judge or condemn. It is to search for words that will continue to be valid in a coming decade or future century. From out of the complexity of human feeling and experience, artists weave braids tightly bound to the scalp of the world. And in so doing, they hold the entire globe together.

We know about each other not from history books, but from art. We know about the inner side of humanity not from the sciences, but from images painted on the walls of Stone Age caves. We learn hardly anything about each other from the nightly news; indeed, life as it is actually lived does not make an appearance there. Instead, the nightly news is a place where we encounter shock moments, alarmism and escalation. There's nothing poetry can do about that. Nor is poetry responsible for providing moral support or serving as some kind of bringer of peace.

Peace is far too big a word to use as a metaphor these days. Can poetry bring about peace? Inner peace, perhaps. A moment to undertake repairs on the world. A moment in which a person can just breathe. A moment in which someone recognises themselves in a poem, a sentence or a scene. A moment in which that person suddenly sees a broader horizon rather than their own personal abyss.

Poetry can alleviate – for a short time – the crushing sense that the world is falling to pieces. In the words of this year's Peace Prize recipient Serhiy Zhadan: »Of course books can't bring about the end of a war. But in times of war, books can help you stay yourself, not lose yourself, prevent your own destruction.«

◇

»People used to call him the Ukrainian Rimbaud, but now he's [...] Zhadan«, writes Yurii Andrukhovych about his younger colleague: »[...] confident in tone, flawless in detail, [...] anarchic, uncompromisingly social and at the same time utterly poetic [...]«. How exactly does the Zhadan principle work? The poet places his finger on the pulse of the people around him. As readers, for example, we regularly find ourselves among such individuals as those who open the gates to the slaughterhouse in the early morning; we sit with them in the pubs in the evenings and sleep next to them in the barracks. But this author is far from a realist; he's much more a hopeless romantic – passionately describing the sky, the melting snow and the changing colours of the crowns of the trees. Moments of Futurism and mysticism flicker up now and again in his writing. Pop songs, Paul Celan and Georg Trakl all make appearances. Next to his dubious heroes and their often unmanageable everyday existence, angels have always had a prominent place in Zhadan's texts; for example, they are shot at and, subsequently, feathers from their wings rain down onto the world. Witches are hanged at the outskirts of the city, appeals are made to God and, time and again, the city of Kharkiv glistens as a cul-de-sac for happiness seekers – a cesspool that swallows everyone and everything in its rain-drenched gullet.

Indeed, next to his outlaw characters, it is Serhiy Zhadan's hometown itself that functions as an almost erotically charged source of inspiration. He describes Kharkiv as one would a lover, constantly seeking out new sides of it, worshiping it, damning it. Each of his protagonists attempts to conquer the city and somehow find their place in it; but this »Mesopotamia« – as Zhadan calls Kharkiv, »because Mesopotamia stands for Babylon« – cannot be conquered.

Zhadan's many volumes of poetry, collections of stories, novels and essays affect us in the same way as do the paintings of Pieter Bruegel. The frenzied, hidden-object images of »The Fight between Carnival and Lent«, »Children's Games« and »A Peasant Wedding« are so exciting that we are unable to look away and cannot help but attempt to trace the paths of the characters portrayed. How did they get there? What happened to them along the way? What is the origin of that glistening light on their faces?

Similarly, Zhadan paints tableaus in which unforgettable minor characters drink and brawl their way into the reader's consciousness, chiselling themselves into the narrative of a Ukrainian society trying to orientate itself anew. When we read his »Anarchy in the UKR«, »Hymne der demokratischen Jugend« (tr. Hymns of the democratic youth) and »Die Erfindung des Jazz im Donbass« (tr. The invention of jazz in Donbas), we taste the blood of perestroika in our mouth. We get a sense, however slight, of the lives lived by those individuals who were separated from us by an iron curtain. And if you grew up on the other side of that curtain, you come to understand more about yourself. About the collective experience of the post-Soviet years.

»He made it possible for me to discover Ukrainian culture«, said a young woman at a recent concert by Serhiy Zhadan and his band Sobaki in Frankfurt. »He helped me realise that we even have such a thing in the first place«. This young woman undoubtedly speaks for those generations of Ukrainians forced to struggle to free themselves from the post-dictatorship rubble, the legacy of the Soviet Union. And, unfortunately, she also speaks for many of the rest of us who have largely ignored the great Ukrainian national culture for far too long.

Serhiy Zhadan is currently on tour throughout Europe, with his music and literature in tow, precisely so that the connection to the people forced to flee Ukraine is not severed. So that they, too, can experience a bit of normality in exile. It should be noted, however, that Serhiy Zhadan's humanist approach was there from the very beginning, long before the outbreak of the current horrific war.

The perspective a writer adopts in his observations reveals everything about his approach to the world. Zhadan, who exposes us to as many different biographies as possible in his work, never chooses a bird's-eye view. There is no distance ever to be found in his gaze.

In his debut novel, »Depeche Mode«, when the protagonist Dog is sent to the psychiatric ward, Zhadan tags along. He sits at his bedside, follows him to the head doctor's office, where Dog swallows »ethyl alcohol, ascorbic acid and all kinds of pills all at once«. He's there when his friend is found on the floor the next morning, at which point he tries to revive him.

In his collection of poems in German translation, »Warum ich nicht im Netz bin« (tr. Why I am not on the internet), the author visits with individuals like Yura, a historian who passes himself off as a Chechen woman, a sniper, on the internet. He »writes about her faith / writes about her doubts / writes about her subtlety, / keeps a tally of her gun stock [...]«. Yura shows Zhadan his posts. The two men sit in a dark, stuffy room lit only by the light of the computer screen, and Zhadan notes that there are, of course, no guns in Yura's flat. But he doesn't betray Yura. He listens to him and takes notes himself.

The first text in his collection of poems in German translation known as »Antenne« is a reflection on his own father, who, to Zhadan's great astonishment, keeps a diary, even though he doesn't otherwise read books (not even those written by his son) or write letters. His father's handwriting is noticeably poor and he makes strange entries about his life: »a kind of chronicle of time passing, […] the places he went, […] the people who called him on the phone«. After his father's funeral, the son asks: Who could possibly need such a diary? The answer is obvious: he does. It is unmistakably clear: he, Zhadan, needs it. Indeed, Serhiy Zhadan is the collector and inventor of many diaries. He keeps a diary on behalf of those individuals whose lives are not the stuff of heroes' journeys. On behalf of those of us who disappear unnoticed from human history. He dedicates his entire oeuvre to these individuals, both fictional and real.

◇

»I think all poets […] are caught in a situation, which is a kind of pre-revolutionary situation, have a very difficult role to play«, James Baldwin once noted. »My own effort is to try to bear witness to something that will have to be there when the storm is over, to help us get through the next storm. Storms are always coming«. It is entirely possible that the seductive energy of Serhiy Zhadan's work stems from the illusion that the role he has taken on is not a difficult one. He is always in the midst of his people. He writes and speaks, as it were, from their lungs. In Zhadan's poetry, Ukrainian society is able to breathe. And not just Ukrainian society. Thanks to outstanding translations by Claudia Dathe, Juri Durkot and Sabine Stöhr, German readers can also acquire a sense of life in faraway Ukraine. But poetry does more than that: when it succeeds, it also weaves us together. We seek and find common experiences, if only the experience of a shared feeling. In poetry, the »other« becomes the experience of the self. As Toni Morrison noted, »We are not, in fact, ›other‹. We are choices. And to read imaginative literature by and about us is to choose to examine centers of the self«.

In Zhadan's novel »Depeche Mode«, a character named Zhadan finds himself in the lungs of an angel in the very same moment that the angel is being beaten up. If we consider this image within the current political scenario, it inexorably takes on an even greater poignancy.

How can you achieve peace when you are being beaten up? How can a person write even one truthful line when the sound of shelling dominates the soundscape of their everyday life? How can a person convey this war? Is it even possible to convey the experience of war? In his most recent book, »Himmel über Charkiw« (tr. Sky Above Kharkiv), a kind of diary of the first months of the war in 2022, Zhadan notes the following: »Writing is a refutation of death. The desire to capture feelings and meanings, to outline narratives, to reiterate motifs, cannot be reconciled with the idea of destruction, annihilation, disappearance. We fall back on writing for its illusory possibility of capturing and preserving the contours of reality ... Is this illusion justified? Either way, it is unbroken.«

With his indomitable will to »capture the contours of reality«, the poet manages to keep reality intact. At least for a short time, he prevents it from disintegrating any further into individually punched-out parts. In an era where words, positions and judgements chafe us to the bone, this poet draws on a posture of radical humanity to create moments in which we can simply breathe.

But what does it even mean to be human? What does it mean to stay human in Dark Times? In Hannah Arendt's much-quoted words from her Lessing Prize acceptance speech, »Humanity is exemplified not in fraternity but in friendship«. Here the political theorist Arendt insists that what makes us human is philia. And that the true essence of friendship consists in discourse. In the act of discussion, she argues, we become humans: »The world is not humane just because it is made by human beings, and it does not become humane just because the human voice sounds in it, but only when it has become the object of discourse«.

For an activist, the way to remain human is obvious, that is, in discourse with others. The entire world can follow on social media how Serhiy Zhadan helps to evacuate people in war-torn Kharkiv, cares for people in need, sings with his fellow citizens in underground stations. Even before the war escalated in February 2022, Zhadan was known for visiting military bases along the demarcation line of the occupied territories in the Donbas region, where he spoke and read his poems to the soldiers there.

But how does it work, this act of being human in poetry and literature?

Every single one of Zhadan's texts is characterised by an emphasis on dialogue, on the exploration of and confrontation with the external world around him. His poetry is never hermetically sealed, never closed in on itself. He always has one eye focused out into the world and one hand seemingly outstretched, waiting to draw us readers into the conversation.

Not a soldier. Not a statesman. And not a priest. No one is being absolved here. No one is standing for election, let alone able to actually win one. Yes, the poet sees what is happening. But he is no seismograph who merely stoically logs the ongoing threat of an earthquake. He is a friend. Someone who understands. And when he doesn't understand, he's ready to listen. This is a person who sits down at the table and raises a glass. A person who joins in the dance at his desperados' weddings. A person who was present at every funeral he writes about. A person with the gift of enabling the voice of an individual to live on forever in his poetry. So that this voice will be valid and discernible in the coming decade, in a coming century.

The thing that prose, poetry and art in general cannot do is save the world. Art cannot win wars. It does not promise salvation, at least not if it is serious art. But what it can do is make possible a moment in which a person can exhale; a moment to breathe a sigh of relief, amazement or delight. And this brief lungful of air might just hold a moment of peace. Because drawing a breath is always a sign of hope.

◇

Serhiy, at a recent event, when asked what you thought you would do after the Ukrainian victory, you said: »Read. […] And write. […] It is a hunger«. I wish you a speedy return to the tranquillity of your reading and writing chamber. Surrounded by novels, paper, notebooks. May your hunger be satisfied. And, at the same time, may your hunger never be stilled, so that we may continue to know the joy of reading your work.

Mazel tov on receiving the Peace Prize of the German Book Trade!

Translated into English by The Hagedorn Group.

Serhij Zhadan

Lass es einen Text sein, aber nicht über den Krieg

Seine Hände sind schwarz und abgearbeitet, das Schmieröl hat sich in die Haut gefressen und sitzt unter den Nägeln. Menschen mit solchen Händen wissen eigentlich zu arbeiten und tun es auch gern. Was sie arbeiten, ist eine andere Sache. Klein, still und besorgt steht er da und erzählt von der Situation an der Front, von seiner Brigade, von der Technik, mit der er – der Fahrer einer Einheit – unterwegs ist. Plötzlich fasst er sich ein Herz und sagt: »Ihr seid doch Freiwillige«, sagt er, »kauft uns einen Kühlschrank.« »Was willst du denn an der Front mit einem Kühlschrank?« Wir verstehen nicht. »Aber wenn du ihn brauchst, dann fahren wir zum Supermarkt, du suchst dir einen aus, und wir kaufen ihn.« »Nein«, erklärt er, »ihr habt mich falsch verstanden: Ich brauche ein Fahrzeug mit einem Kühlschrank. Einen Kühlwagen. Um die Gefallenen abzutransportieren. Wir finden Leichen, die schon länger als einen Monat in der Sonne gelegen haben. Wir schaffen sie mit einem Kleinbus weg, da kriegst du keine Luft mehr.« Er spricht über die Leichen – seine Arbeit –, ruhig und gemessen, ohne Wichtigtuerei und auch ohne Hysterie. Wir tauschen unsere Nummern. Eine Woche später haben wir in Litauen einen Kühlwagen gefunden und bringen ihn nach Charkiw. Unser Bekannter und seine Kämpfer rücken mit der ganzen Mannschaft an, feierlich nehmen sie das Fahrzeug in Empfang und machen mit uns ein Selfie für einen Post. Dieses Mal trägt unser Bekannter eine Waffe und saubere Kleidung. Die Hände sind – wenn man genauer hinsieht – so schwarz wie zuvor, die tagtägliche schwere Arbeit, das sieht man den Händen am meisten an.

◇

Was ändert der Krieg vor allen Dingen? Das Gefühl für Zeit und das Gefühl für Raum. Die Konturen der Perspektive, die Konturen der zeitlichen Ausdehnung ändern sich unglaublich schnell. Wer sich im Raum des Krieges befindet, macht keine Zukunftspläne, denkt nicht weiter darüber nach, wie die Welt morgen aussehen wird. Nur das, was jetzt und hier mit dir passiert, hat Bedeutung und Gewicht, nur Dinge und Menschen, mit denen du spätestens morgen zu tun hast – wenn du überlebst und aufwachst – haben Sinn. Die wichtigste Aufgabe ist es, unversehrt zu bleiben und sich den nächsten halben Tag durchzukämpfen. Irgendwann später wird sich zeigen, wird sich herausstellen, was man unternehmen und wie man sich verhalten muss, worauf man sich in diesem Leben verlassen kann und wovon man sich lösen muss. Das betrifft im Grunde genommen sowohl die Militärangehörigen als auch jene, die sich als »Zivilisten«, also unbewaffnet, in der Kontaktzone des Todes aufhalten. Genau dieses Gefühl ist es, das dich vom ersten Tag des großen Krieges an begleitet – das Gefühl der gebrochenen Zeit, des Fehlens von Dauer, das Gefühl der zusammengepressten Luft, du kannst kaum atmen, weil die Wirklichkeit auf dir lastet und versucht, dich auf die andere Seite des Lebens, auf die andere Seite des Sichtbaren abzudrängen. Die Überlagerung von Ereignissen und Gefühlen, das Aufgehen in einem zähen blutigen Strom, der dich erfasst und umfängt: diese Verdichtung, der Druck, die Unmöglichkeit, frei zu atmen und leicht zu sprechen, das ist es, was die Wirklichkeit des Krieges fundamental von der Wirklichkeit des Friedens unterscheidet. Doch sprechen muss man. Selbst in Zeiten des Krieges. Gerade in Zeiten des Krieges.

Natürlich ändert der Krieg die Sprache, ihre Architektur und ihr Funktionsfeld. Wie der Stiefel eines Eindringlings, eines Fremden beschädigt der Krieg den Ameisenhaufen des Sprechens. Also versuchen die Ameisen – die Sprecher der beschädigten Sprache – fieberhaft, die zerstörte Struktur zu reparieren, das, was ihnen vertraut ist, was zu ihrem Leben gehört, wiederherzustellen. Irgendwann ist alles an seinem Platz. Aber diese Unfähigkeit, sich der vertrauten Mittel zu bedienen, genauer gesagt, die Unfähigkeit, mit den früheren – aus friedlichen Vorkriegszeiten stammenden – Konstruktionen deinen Zustand zu beschreiben, deine Wut, deinen Schmerz und deine Hoffnung zu erklären – ist besonders schmerzhaft und unerträglich. Besonders, wenn du es gewohnt warst, der Sprache zu vertrauen und dich auf ihr Potenzial zu verlassen, das dir bislang unerschöpflich schien. Plötzlich aber zeigt sich, dass die Möglichkeiten der Sprache begrenzt sind, begrenzt von den neuen Umständen, von einer neuen Landschaft: einer Landschaft, die sich in den Raum des Todes, in den Raum der Katastrophe einschreibt. Jeder einzelnen Ameise kommt die Aufgabe zu, die Kongruenz des kollektiven Sprechens, des Gesamtklangs, der Kommunikation und Verständigung wiederherzustellen. Wer ist in diesem Fall der Schriftsteller? Auch eine Ameise, verstummt wie alle anderen. Seit Kriegsbeginn holen wir uns diese beschädigte Fähigkeit zurück – die Fähigkeit, sich verständlich zu machen. Wir alle versuchen zu erklären: uns selbst, unsere Wahrheit, die Grenzen unserer Verletzlichkeit und Traumatisierung. Vielleicht ist die Literatur hier im Vorteil. Weil sie alle früheren Sprachkatastrophen und -brüche in sich trägt.

Wie soll man über den Krieg sprechen? Wie soll man mit den Intonationen umgehen, in denen so viel Verzweiflung, Wut und Verletzung mitschwingt, zugleich aber auch Stärke und die Bereitschaft, zueinander zu stehen, nicht zurückzuweichen? Ich glaube, das Problem mit der Formulierung der zentralen Dinge liegt derzeit nicht nur bei uns – die Welt, die uns zuhört, tut sich manchmal schwer, eine einfache Sache zu verstehen – dass wir, wenn wir sprechen, ein hohes Maß an sprachlicher Emotionalität, sprachlicher Anspannung, sprachlicher Offenheit zeigen. Die Ukrainer müssen sich nicht für ihre Emotionen rechtfertigen, aber sicher wäre es gut, diese Emotionen zu erklären. Warum? Schon allein deshalb, damit sie den Zorn und den Schmerz nicht länger allein bewältigen müssen. Wir können uns erklären, wir können beschreiben, was mit uns geschehen ist und weiter geschieht. Wir müssen uns darauf einstellen, dass das kein einfaches Gespräch wird. Aber so oder so müssen wir dieses Gespräch schon heute beginnen.

Wichtig erscheint mir hier, dass sich der begriffliche Gehalt und die Nuancen unseres Vokabulars verschieben. Es geht dabei um die Optik, um die andere Sicht, den anderen Blickwinkel, aber vor allem eben um die Sprache. Manchmal kommt es mir so vor, als würde die Welt, wenn sie beobachtet, was sich da seit sechs Monaten im Osten Europas abspielt, von Wörtern und Begriffen Gebrauch machen, die das, was passiert, schon längst nicht mehr erklären können. Was zum Beispiel meint die Welt – ich weiß um das Irreale und Abstrakte der Bezeichnung, habe sie aber hier bewusst gewählt –, wenn sie den Frieden zu einer Notwendigkeit erklärt? Scheinbar geht es um die Beendigung des Krieges, das Ende der militärischen Konfrontation, um den Moment, wenn die Artillerie schweigt und Stille eintritt. Frieden sollte doch die Sache sein, die uns zur Verständigung führt. Was wollen die Ukrainer denn am meisten? Natürlich die Beendigung des Krieges. Natürlich Frieden. Natürlich die Einstellung der Gefechte. Ich, der ich im Zentrum von Charkiw im achtzehnten Stock wohne und vom Fenster aus beobachten kann, wie die Russen von Belgorod aus Raketen abfeuern, wünsche mir nichts sehnlicher als die Einstellung des Raketenbeschusses, die Beendigung des Krieges, die Rückkehr zur Normalität, zu einem natürlichen Dasein.

Warum werden die Ukrainer dann so oft hellhörig, wenn europäische Intellektuelle und Politiker den Frieden zu einer Notwendigkeit erklären? Nicht etwa, weil sie die Notwendigkeit des Friedens verneinen, sondern aus dem Wissen heraus, dass Frieden

nicht eintritt, wenn das Opfer der Aggression die Waffen nieder-
legt. Die Zivilbevölkerung in Butscha, Hostomel und Irpen hatte überhaupt keine Waffen. Was die Menschen nicht vor einem
furchtbaren Tod bewahrt hat. Die Bewohner von Charkiw, die von
den Russen permanent und wüst mit Raketen beschossen werden,
haben auch keine Waffen. Was sollten sie denn nach Meinung der
Anhänger eines um jeden Preis schnell geschlossenen Friedens
tun? Wo sollte für sie die Grenze zwischen einem Ja zum Frieden
und einem Nein zum Widerstand verlaufen?

Wenn wir jetzt, im Angesicht dieses blutigen, dramatischen
und von Russland entfesselten Krieges über Frieden sprechen,
wollen einige eine simple Tatsache nicht zur Kenntnis nehmen:
Ohne Gerechtigkeit gibt es keinen Frieden. Es gibt verschiedene
Formen eines eingefrorenen Konflikts, es gibt zeitweilig besetz-
te Gebiete, es gibt Zeitbomben, getarnt als politische Kompromis-
se, aber Frieden, echten Frieden, einen Frieden, der Sicherheit und
Perspektive bietet, gibt es leider nicht. Und wenn manche Europäer (zugegebenermaßen nur ein sehr kleiner Teil) den Ukrainern
ihre Weigerung, sich zu ergeben, fast schon als Ausdruck von Mi-
litarismus und Radikalismus anlasten, tun sie etwas Merkwürdi-
ges – beim Versuch, in ihrer Komfortzone zu bleiben, überschrei-
ten sie umstandslos die Grenzen der Ethik. Das ist keine Frage an
die Ukrainer, das ist eine Frage an die Welt, an ihre vorhandene
(oder nicht vorhandene) Bereitschaft, um fragwürdiger materiel-
ler Vorteile und eines falschen Pazifismus willen ein weiteres Mal
das totale, enthemmte Böse zu schlucken.

Appelle an Menschen zu richten, die ihr Leben verteidigen, Opfer zu beschuldigen, Akzente zu verschieben, gute und positive
Parolen manipulierend einzusetzen, ist für den einen oder anderen eine ziemliche bequeme Form, die Verantwortung abzuschie-
ben. Dabei ist alles ganz einfach: Wir unterstützen unsere Armee
nicht deshalb, weil wir Krieg wollen, sondern weil wir unbedingt

Frieden wollen. Nur ist die uns unter dem Vorwand des Friedens angetragene, sanfte und diskrete Form der Kapitulation nicht der geeignete Weg zu einem friedlichen Leben und zum Wiederaufbau unserer Städte. Vielleicht müssten die Europäer weniger Geld für Energieträger ausgeben, wenn die Ukrainer kapitulierten, aber wie würden sich die Menschen in Europa fühlen, wenn sie sich bewusst machten (woran gar kein Weg vorbeiführt), dass sie ihr warmes Zuhause mit vernichteten Existenzen und zerstörten Häusern von Menschen erkauft haben, die auch in einem friedlichen und ruhigen Land leben wollten?

◇

Es geht hier, das möchte ich noch einmal betonen, um die Sprache. Darum, wie genau und zutreffend die Wörter sind, die wir verwenden, wie markant unsere Intonation, wenn wir über unser Dasein an der Bruchstelle von Leben und Tod sprechen. Inwieweit reicht unser Vokabular – also das Vokabular, mit dem wir gestern noch die Welt beschrieben haben – inwieweit reicht es jetzt aus, um über das zu sprechen, was uns schmerzt oder stark macht? Schließlich befinden wir uns heute alle an einem Punkt des Sprechens, von dem aus wir früher nicht gesprochen haben, wir haben ein verschobenes Wahrnehmungs- und Bewertungssystem, veränderte Bedeutungsbezüge, veränderte Maßstäbe für Angemessenheit. Was von außen, aus der Entfernung, womöglich aussieht wie ein Gespräch über den Tod, ist in Wirklichkeit der verzweifelte Versuch, am Leben, an seiner Existenz und seiner Dauer festzuhalten. Wo in dieser neuen, gebrochenen und verschobenen Wirklichkeit endet denn der Krieg, und wo beginnt der Frieden? Der Kühlwagen mit den Leichen der Gefallenen – geht es da noch um Frieden oder schon um Krieg? Wenn Frauen an Orte gebracht werden, an denen keine Gefechte stattfinden – wofür ist das eine Unterstützung? Für die friedliche Lösung des Konflikts? Das Tourniquet, das du für einen Soldaten gekauft hast und das ihm das Leben rettet – ist das noch humanitäre Hilfe oder schon eine direkte Unterstützung der Kämpfenden? Und wenn du jenen hilfst, die für dich, für die Zivilisten in den Kellern, für die Kinder in der Metro kämpfen, hast du dann die Grenzen eines achtbaren Gesprächs über das Gute und über Empathie überschritten? Müssen wir unser Recht auf Existenz in dieser Welt in Erinnerung rufen, oder ist dieses Recht offensichtlich und unantastbar?

Viele Dinge, Phänomene und Begriffe bedürfen derzeit, wenn nicht einer Erklärung, so doch mindestens einer Erwähnung, einer neuen Darstellung, einer neuen Akzeptanz. Wie immer legt der Krieg offen, was lange Zeit bewusst ignoriert wurde, der Krieg ist die Zeit unangenehmer Fragen und komplizierter Antworten. Dieser Krieg, den die russländische Armee begonnen hat, wirft auch eine ganze Reihe von Fragen auf, die weit über den russländisch-ukrainischen Kontext hinausgehen. Wir werden in den nächsten Jahren nicht umhinkommen, uns über heikle Themen zu verständigen – über Populismus und das Messen mit zweierlei Maß, über Verantwortungslosigkeit und politischen Konformismus, über Ethik, einen Begriff, den man seit langem vergeblich im Vokabular derer sucht, die in der heutigen Welt folgenschwere Entscheidungen treffen. Diese Themen, könnte man sagen, betreffen die Politik, und deswegen müssen wir über Politik reden. Aber Politik ist hier nur ein Deckmantel, ein Schlupfwinkel, eine Gelegenheit, scharfe Kanten zu umgehen und die Dinge nicht klar zu benennen. Dabei erfordern die Dinge genau das: dass man sie klar benennt. Ein Verbrecher ist ein Verbrecher. Freiheit ist Freiheit. Niedertracht ist Niedertracht. In Kriegszeiten klingen Lexeme wie diese besonders deutlich und zugespitzt. Man kann ihnen kaum ausweichen, ohne sich zu verletzen. Und man sollte ihnen auch nicht ausweichen, ganz und gar nicht.

Es ist traurig und bezeichnend, dass wir über den Friedenspreis sprechen, während in Europa wieder Krieg herrscht. Der Krieg ist nicht weit von uns entfernt. Und er dauert auch schon etliche Jahre. In all den Jahren, die der Krieg nun schon andauert, ist auch der Friedenspreis verliehen worden. Natürlich geht es hier nicht um den Preis als solchen. Es geht um die Frage, inwieweit Europa bereit ist, sich dieser neuen Wirklichkeit zu stellen – einer Wirklichkeit, in der es zerstörte Städte gibt – mit denen man noch bis vor kurzem wirtschaftlich zusammenarbeiten konnte; einer Wirklichkeit, in der es Massengräber gibt – in denen Menschen aus der Ukraine liegen, die noch gestern zum Einkaufsbummel und Museumsbesuch in deutsche Städte kommen konnten; eine Wirklichkeit, in der es Filtrationslager für gefangen genommene Ukrainer gibt – Lager, Besatzung, Kollaborateure sind wohl kaum Wörter, von denen die Europäer in ihrer alltäglichen Sprache Gebrauch machen. Und es geht auch darum, wie wir alle in dieser neuen Wirklichkeit weiterleben – mit den zerstörten Städten, den ausgebombten Schulen, den vernichteten Büchern. Und vor allem mit den Tausenden Toten, mit denen, die noch gestern ein friedliches Leben geführt und Pläne geschmiedet, ihre täglichen Sorgen bewältigt und sich auf ihre eigene Erinnerung gestützt haben.

Über die Erinnerung zu sprechen, ist auch wichtig, und zwar aus folgendem Grund. Krieg bedeutet nicht einfach eine andere Erfahrung. Wer das behauptet, spricht nur über das Oberflächliche, über das, was offensichtlich ist, das, was nur beschreibt, aber wenig erklärt. Der Krieg verändert unser Gedächtnis und füllt es mit äußerst schmerzhaften Erlebnissen, äußerst tiefen Traumata und äußerst bitteren Gesprächen. Du kannst diese Erinnerungen nicht tilgen, du kannst die Vergangenheit nicht korrigieren. Von nun an ist sie Teil deiner selbst. Und natürlich nicht der beste Teil. Das Stocken und Wiedereinsetzen des Atems, die Erfahrung des Verstummens und der Suche nach einer neuen Sprache – dieser Prozess ist zu schmerzhaft, als dass du jetzt noch unbekümmert über die herrliche Welt da draußen sprechen könntest. Natürlich ist Dichtung nach Butscha und Isjum weiterhin möglich, ja, sie ist sogar notwendig. Aber der Schatten von Butscha und Isjum, die Präsenz dieser Orte wird in der Nachkriegsdichtung tiefe Spuren hinterlassen und ihren Gehalt und Klang prägen. Das ist die schmerzliche und zugleich unabdingbare Vergegenwärtigung, dass Massengräber und zerbombte Wohnviertel von nun an den Resonanzraum für die in deinem Land verfassten Gedichte bilden – das vermittelt natürlich nicht gerade Optimismus, aber ein Verständnis dafür, dass die Sprache unseres täglichen Wirkens, unserer täglichen Berührung, unserer täglichen Zuwendung bedarf. Was haben wir denn, um uns zu äußern, um uns zu erklären? Unsere Sprache und unsere Erinnerung.

Seit Ende Februar, seit dem Beginn des Massakers also, ist sehr deutlich zu spüren, wie die Zeit ihre normale Dimension, ihren Lauf verliert. Sie ähnelt jetzt einem Winterfluss, der bis auf den Grund durchfriert, sein Fließen einstellt und alle lähmt, die in diesen erstarrten Strom geraten sind. Wir stecken in dieser dichten Erstarrung, in der kalten Nicht-Zeit. Ich kann mich sehr gut an diese Hilflosigkeit erinnern – du spürst keine Regung, du verlierst dich in der Stille und kannst nicht erkennen, was da ist, vor dir, im Dunkel und in der Stille. Die Zeit des Krieges ist wirklich eine Zeit des verzerrten Panoramas, der abgerissenen Kommunikation zwischen Vergangenheit und Zukunft, eine Zeit der äußerst scharfen und bitteren Wahrnehmung der Gegenwart, ein Versinken in dem Raum, der dich umgibt, eine Konzentration auf den Augenblick, der dich ausfüllt. Das sind durchaus Anzeichen von Fatalismus, du hörst auf, Pläne zu machen und an die Zukunft zu denken, du versuchst zuallererst, dich in der Gegenwart zu verwurzeln, unter diesem Himmel, der sich über dir wölbt und allein daran erinnert, dass die Zeit eben doch vergeht, dass Tag und Nacht wechseln, dass der Sommer dem Frühling folgt und dass das Leben trotz der Lähmung deiner Gefühle, trotz aller Starre weitergeht, dass es nicht einen Moment lang innehält und all unsere Freuden und Ängste, all unsere Verzweiflung und Hoffnung aufnimmt. Es hat sich einfach der Abstand zwischen dir und der Wirklichkeit verändert. Die Wirklichkeit ist jetzt näher. Die Wirklichkeit ist jetzt schrecklicher. Damit müssen wir leben.

Was ist da noch außer Sprache und Erinnerung? Was hat sich an uns noch verändert? Was hebt uns jetzt aus jeder Gemeinschaft, aus jeder Menge heraus? Vielleicht die Augen. Sie fangen das äußere Feuer ein und haben von nun an immer diesen Widerschein. Der Blick eines Menschen, der über das Sichtbare hinaus geschaut, in die Dunkelheit geblickt und dort sogar etwas erkannt hat – dieser Blick ist für immer anders, denn darin spiegeln sich allzu bedeutsame Dinge.

◇

Im Frühling, irgendwann im Mai, fuhren wir für einen Auftritt zu einer Armeeeinheit, die nach langen schweren Gefechten eine Kampfpause hatte. Wir kennen die Einheit schon lange, seit 2014 sind wir dort regelmäßig aufgetreten. Ein Charkiwer Vorort, frisches Grün, ein Fußballplatz, eine kleine Aula. Viele Kämpfer kennen wir persönlich. Viele Menschen, alte Freunde, Leute aus Charkiw sind in diesem Frühjahr an die Front gegangen. Es ist ungewohnt, sie in Uniform und mit einer Waffe in der Hand zu sehen. Und noch ungewohnter ist es, ihre Augen zu sehen – wie erstarrtes Metall, wie Glas, das Feuer spiegelt. Der große Krieg dauerte schon zwei Monate, sie alle hatten schon in den Schützengräben unter russischem Beschuss gesessen. Jetzt standen sie hier, lächelten und rissen Witze. Mit diesen Augen, in denen man zwei Monate Hölle lesen konnte. »Ich habe es schon bis ins Lazarett ge-

schafft«, erzählt einer. »Die Russen haben Phosphorbomben abge-
feuert, mich hat's erwischt. Halb so wild, bin gesund und mun-
ter. Bald geht's zurück an die Front.« In so einem Moment weißt
du nicht, was du sagen sollst – die Sprache lässt dich im Stich, die
Sprache genügt nicht, die passenden Worte müssen erst noch gefunden werden. Und sie werden sich finden.

Wie wird unsere Sprache nach dem Krieg aussehen? Was werden wir uns gegenseitig erklären müssen? Vor allem müssen wir
die Namen der Toten laut aussprechen. Die Namen müssen genannt werden. Sonst kommt es zu einer tiefen Zerrissenheit in der
Sprache, zu einer Leere zwischen den Stimmen, zu einem Bruch
in der Erinnerung. Wir werden viel Kraft und Glauben brauchen,
um über unsere Gefallenen zu sprechen. Denn aus ihren Namen
werden unsere Wörterbücher entstehen. Doch ebenso viel Kraft,
Selbstvertrauen und Liebe werden wir brauchen, um über die Zukunft zu sprechen, sie zu vertonen, sie zu versprachlichen, sie zu
beschreiben. So oder so müssen wir unser Gefühl für Zeit, unser
Gefühl für die Perspektive, unser Gefühl für Dauer wiederherstel-
len. Wir sind zur Zukunft verdammt, ja, wir sind sogar für sie verantwortlich. Sie entsteht jetzt aus unseren Visionen, aus unseren
Überzeugungen, aus unserer Verantwortungsbereitschaft. Wir
werden uns das Gefühl für unsere Zukunft zurückholen, denn in
unserer Erinnerung überdauert vieles, was morgen unsere Mit-
wirkung erfordert. Wir alle sind Teil von diesem Strom, der uns
trägt, uns nicht loslässt, uns verbindet. Wir alle sind über unsere
Sprache verbunden. Und auch wenn es einen Moment lang schei-
nen mag, als wären die Möglichkeiten der Sprache begrenzt oder
unzureichend, werden wir uns wohl oder übel doch ihrer Mittel
bedienen müssen, die uns hoffen lassen, dass in Zukunft keine un-
ausgesprochenen Dinge oder Missverständnisse zwischen uns stehen. Manchmal scheint uns die Sprache schwach. Aber vielfach ist
sie es, die Kraft spendet. Vielleicht geht die Sprache für einen Mo-

ment auf Abstand zu dir, aber sie lässt dich nicht im Stich. Und das ist wichtig und entscheidend. Solange wir unsere Sprache haben, so lange haben wir immerhin die vage Chance, uns erklären, unsere Wahrheit sagen, unsere Erinnerung ordnen zu können. Deswegen sprechen wir und hören nicht auf. Selbst wenn unsere Kehle von den Wörtern wund wird. Selbst wenn du dich von den Wörtern verlassen und leer fühlst. Die Stimme gibt der Wahrheit eine Chance. Und es ist wichtig, diese Chance zu nutzen. Vielleicht ist das überhaupt das Wichtigste, was uns allen passieren kann.

Aus dem Ukrainischen von Claudia Dathe.

Serhiy Zhadan

Let This Not Be About the War

He has dark, labor-laden hands with grease ingrained in his skin and caked under his nails. Typically, people with hands like those know how to work and love it. Now, the nature of their work is a different matter altogether. Somewhat short, quiet, and anxious, he stands there and offers explanations about the situation on the frontlines, about his brigade, and about the vehicles he has to operate as their driver. Then he suddenly decides to try his luck.

»Hey, volunteers, buy us a fridge«, he says.

»What do you need a fridge for on the frontlines?« we asked, bewildered. »If you need one, though, let's head to the supermarket. You can pick one out, and we'll pay for it.«

»Nah, I meant that I need a vehicle with a big refrigerator. You know, a refrigerator truck. To collect the dead. We've been finding bodies that have been lying out in the sun for over a month. We've been using a mini-bus – can't breathe in there.«

He speaks about the dead like he's talking about his work – in a calm and measured manner, with neither bravado nor fear. We exchange contact information. A week later, we find a refrigerator truck in Lithuania and have it sent to Kharkiv. He and a whole team of fighters pick up the vehicle solemnly and take pictures with us for our report. This time, our friend is armed and dressed in clean clothes. If you take a closer look, though, you can see that his hands are just as dark. His daily labor is hard, and his hands are the best testament to that.

◇

What does war change first? One's sense of time, one's sense of space. The outline of one's perspective, the outline of temporal progression changes very quickly. People in a war-torn space try not to plan for the future or think too much about what the world will be like tomorrow. What's happening to you here and now is all that matters, just the people and things that will be with you tomorrow morning – tops. That's if you survive and wake up. Staying alive and pushing forward another twelve hours or so is the most important task at hand. Then, after that, it'll be clear, it'll be obvious how to act, how to conduct yourself, what to rely on, what to push off of. This applies, to a great extent, to servicemen and those »civilians« (unarmed people, that is) who have remained in a zone edging toward death. This is the feeling that accompanies you from day one of a major war: the feeling of a temporal fracture, the absence of continuity, the feeling of air being compressed, that it's hard to breathe because reality is exerting pressure on you, trying to squeeze you out to the other side of life, to the other side of what's visible. There's this compression of events and emotions, this dissolution into a thick bloody current that envelops you and sweeps you up – what distinguishes the reality of war so drastically from the reality of peace is this pressure, this inability to breathe freely and just speak. Yet you have to speak. Even during times of war. Especially during times of war.

War unequivocally changes language, its architecture, the scope of its use. War, like an intruder's shoe, disrupts the ant colony of communication. Afterwards, ants, akin to the speakers of a disjointed language, feverishly attempt to restore its wrecked structure and tidy up what they were used to, what their lives had been. Eventually, everything slides back into place. Yet the inability to utilize the usual mechanisms – more precisely, being unable to use previous, peacetime, pre-war constructions to convey the state you're in, articulate your fury, your pain, your hope, is particularly painful and unbearable. Especially if you're used to trusting language, used to relying on its capabilities, which seem inexhaustible to you. Turns out, though, that language's capabilities are limited – limited by these new circumstances, this new landscape, a landscape that's inscribed in the realm of death, the realm of disaster. Each and every ant is tasked with restoring the common cadence of collective communication, common sounds, and a common understanding. What does a writer become in this case? Another ant, just as mute as the rest of them. Since the onset of the war, we have all been trying to regain this disrupted ability, the ability to express ourselves so we're understood. We are all attempting to articulate ourselves, the truth, the outer bounds of our turmoil and trauma. Literature may have a slightly better chance at achieving this, since it's genetically tied to all our previous linguistic catastrophes and upheaval.

How can one talk about war? How can one manage all the desperation, fury, and rancor in one's tone, as well as all the energy and eagerness to stick by your fellows, not to retreat? I think we aren't the only ones struggling to convey what matters most. The world listening to us isn't always capable of understanding one simple thing – when we speak, the degrees of our linguistic tension, linguistic sincerity, and linguistic emotionality differ too drastically. Ukrainians shouldn't have to justify their emotions, but unpacking these emotions is worthwhile. What for? So as not to keep all this pain and all this anger bottled up, at the very least. We can articulate it; we can vocalize everything that has and will happen to us. We simply have to be ready for the fact that this won't be an easy conversation. Nevertheless, we have to begin it today.

The varying weight and color of our words seems crucial to me. This appears to be about having differing fields of vision, views, and perspectives, but most importantly, it's about language. Sometimes it seems like as the world watches what has been transpiring in Eastern Europe for the past six months it has been using vocabulary and definitions that haven't been able to explain what's going on for a long time. For instance, what does the world (I understand the ephemeral and abstract nature of this term, but I'm going to use it anyway) mean when it speaks about the need for peace? You would think that this was about stopping the war, about ending this armed standoff, about the moment when the artillery fire goes quiet and silence sets in. You would think that these things would bring us closer to a common understanding. After all, what do we Ukrainians want more than anything? For the war to end, of course. Peace, of course. For the shelling to stop, of course. Personally, as someone who lives on the eighteenth floor of an apartment complex in downtown Kharkiv, where you can see the Russians launching rockets from the neighboring city of Belgorod, I vehemently want the rocket attacks to stop, the war to stop, for everything to return to normal, to a natural existence. So what do Ukrainians find alarming about European intellectuals' and European politicians' declarations about the need for peace (which doesn't negate the need for peace, of course)? It's the fact that we understand that peace won't come merely because the victim of aggression has laid down their arms. The civilians in Bucha, Hostomel, and Irpin didn't have any arms at all, which didn't spare them from suffering terrible deaths. The people of Kharkiv aren't armed either, yet the Russians have consistently and chaotically fired rockets at them. What do proponents of a speedy peace at any cost think they should have done? For these proponents of peace, where is the line between supporting peace and not supporting resistance? The thing is, though, I'd say that when speaking about peace in the context of this bloody, dramatic war instigated by Russia, some people don't want to acknowledge a simple fact – there's no such thing as peace without justice. There are various forms of frozen conflict, there are temporarily occupied territories, there are time-bombs camouflaged as political compromises, but unfortunately, there won't be any peace, real peace that provides a sense of security and prospects for the future. And by castigating Ukrainians for being unwilling to surrender and perceiving that as an element of militarism and radicalism, some Europeans (I must note that this number is rather insignificant, but still) are doing a bizarre thing; by trying to stay in their comfort zone, they venture beyond the bounds of ethics. And this is no longer a question for Ukrainians – this is a question for the world, for its willingness (or unwillingness) to swallow yet another manifestation of utter uncontrollable evil in favor of dubious financial gain and disingenuous pacificism.

Thing is, for some, this has turned out to be a rather convenient form of reassigning responsibility – appealing to people who are protecting their lives, blaming the victim, shifting priorities, and manipulating good, positive messages. The situation is as simple as it gets, though. We're assisting our troops not because we want war, but because we really want peace. Soft, unobtrusive capitulation, which has been offered under the guise of peace, is not the path to a peaceful existence and the restoration of our cities. Ukrainians capitulating may help Europeans save money on their energy bills, but how will Europeans feel knowing, as they surely will, that the heat in their homes has been paid for by the destroyed lives and houses of people who also wanted to live in a calm, peaceful country?

◇

It all comes down to language – I'll say it again. It comes down to how precisely and aptly we use certain words, how measured our tone is when we speak about teetering on the edge between life and death. How sufficient is our previous vocabulary, the vocabulary that enabled us to encapsulate the world quite well just yesterday, how sufficient is it now to talk about what hurts or to give us strength? Thing is, verbally, we have all found ourselves in a spot we haven't ever spoken from before. Therefore, we have a shifted system of assessment and perception; the coordinates of meaning have changed, and the boundaries of expediency have changed. What may look like talk about death from the outside oftentimes is a desperate attempt to cling to life, to its opportunities, to its continuity. After all, in this new, fractured, shifted reality, where does war as a topic of conversation end and where does the domain of peace begin? A refrigerator truck full of dead bodies – is this about peace or war? Taking women to places away from the shelling – what is this in support of? A peaceful resolution to the conflict? Buying a tourniquet that saves a serviceman's life – is this humanitarian aid or aid for combatants? And in general, assisting those who are fighting for you, for civilians in basements, and children in the metro – does this reach beyond the confines of pleasant conversation about kindness and empathy? Do we have to remind others about our right to keep existing in this world or is this right obvious and irrefutable?

It turns out that these days a lot of things, phenomena, and concepts need to be explained, or, at the very least, they need a fresh reminder, they need to be re-articulated and embraced again. Typically, war shows what people have been trying not to notice for a long while; war is a time of uncomfortable questions and tough answers. This war launched by the Russian army has suddenly put forth a slew of questions that reach well beyond the context of Russo-Ukrainian relations. Like it or not, in the upcoming years, we will have to talk about things that make us uncomfortable: populism and double standards, a lack of responsibility and political conformism, ethics, which, as it turns out, have hopelessly disappeared from the vocabulary of those who make crucial decisions in the modern world. One could say these things pertain to politics, that we'll have to speak about it, about politics. Nevertheless, in this case, politics is merely a screen, a cover, a chance to avoid bumping into any sharp edges and avoid calling a spade a spade. But that's just what's needed – calling a spade a spade. Criminals being called criminals. Freedom being called freedom. Deceit being called deceit. During times of war, these lexical units sound particularly sharp and expressive. Avoiding them without getting cut is very hard. They shouldn't be avoided. They really shouldn't be.

It's sad and telling that we're speaking about a peace prize at a time when there is a war going on in Europe. Going on not too far from here. And it's been going on for years, actually. This peace prize has been awarded for all the years it has been going on. Naturally, this isn't about the prize itself. It's about how willing Europe is to accept this new reality: a reality with destroyed cities (where they could have had joint business ventures), a reality with mass graves (where citizens of Ukraine lie, citizens who just yesterday could travel to German cities to go shopping or visit museums), and a reality with filtration camps for Ukrainians who have come under occupation (camps, occupation, collaborators – these are all words that are hardly used by Europeans on a daily basis). Also, it comes down to how we will all go about living in this reality with ruined cities, burnt schools, and destroyed books. And first and foremost, with the thousands of dead and with those who, just yesterday, were wrapped up in their regular, peaceful lives, making plans, and relying on their own sense of memory.

It's important to mention our memories, and here's why. War isn't just a different experience. When you speak in those terms, you speak about superficial things, about what is on the surface, which describes a great deal, yet explains very little. Actually, war changes our memory and fills it with excessively painful images, excessively deep traumas, and excessively bitter conversations. You can't rid yourself of these memories; you aren't able to fix the past. It will always be a part of you. Hardly your best part. This process of falling into a stupor and catching your breath, this experience of falling silent and searching for a new language, is too painful for you to go on talking, carefree, about the sublime world outside the window. Poetry after Bucha and Izium is still undoubtedly possible. Moreover, it's necessary; however, the specter of Bucha and Izium, their presence, will weigh too heavily in this postwar poetry, which, to a great extent, will determine its content and tonality. This painful, yet necessary realization – that mass graves and bombed neighborhoods will provide context for the poems written in your country – does not fill you with optimism, of course, yet it makes you understand that language requires our daily labor, our constant involvement, our engagement. After all, what do we have in order to make our point, to express ourselves? Our language and our memory.

Since the end of February, since the start of this massacre, that is, there's this distinct feeling that time has lost its usual cadence, its flow. It has become akin to a channel in the winter that freezes to its very bottom, stopping the rush of the water and paralyzing everyone who has found themselves amid this unmoving current. We have found ourselves in this frozen state, amid cold timelessness. I remember this feeling of helplessness very well – when you can't feel movement, when you're lost in silence, unable to discern what's up ahead, in front of you, in the gloom and silence. Wartime truly is a time with a disjointed panorama, disrupted communication between the past and the future; a time when you feel the here and now with maximum acuteness and bitterness, when you immerse yourself in the space that surrounds you and focus on the moment that overwhelms you. There are certain elements of fatalism to this – when you stop making plans and thinking about the future, as you try, first and foremost, to root yourself in the here and now, under the skies that unfurl above you, and the only thing that reminds you that time is passing is the fact that days turn to nights, summer follows spring without fail, and despite the frozen nature of your feelings, despite the stupor, life goes on; it doesn't stop for a single instant, and it encompasses all of our joys and fears, all of our desperation and all our hope. It's just that the distance between you and reality has changed. Reality is now closer. Reality has become more dreadful. And now you have to live with this.

What else has changed for us, besides language and memory? What will distinguish us in any group of people, in any crowd? Our eyes, perhaps. They absorb the external flame; they'll always have this glint to them. We'll have the gaze of people who have looked beyond what's visible, who have stared into the darkness and managed to discern something over there. Our gaze will always differ from others' as it reflects things of the utmost importance.

◇

In the spring – sometime in May – my band and I performed at a military base for servicemen who were resting after several hard, lengthy battles. We have known them awhile. We have performed for them consistently since 2014. Outskirts of Kharkiv, brisk greenery, soccer field, a small auditorium. We know a lot of the fighters personally. A lot of my old friends – people from Kharkiv – went off to fight this spring. Seeing them wearing military fatigues and holding weapons feels unusual. And their eyes are unusual, too – they're like cooled metal, like glass reflecting a fire. It was month two of this full-on war; they had already been bombarded by Russian shelling in the trenches. But there they stood, smiling and joking around. And those eyes – you could glimpse two months of hell in them.

»I already spent some time in the hospital«, one of them said. »The Russians dropped phosphorus bombs, and I got hit. No biggie, though – I'm still alive and kicking. Back to the frontlines soon.«

This is one of those cases when you simply don't know how to respond. Language betrays you, you lack language, and you are left merely searching for the right words. They are sure to turn up, though, eventually.

What will our language be like after the war? What will we have to explain to each other? First and foremost, we will have to say the names of the dead aloud. They must be named. Otherwise, there will be a major fragmentation of language, a void between voices, and a fracture in our memories. We will need tremendous strength and faith to speak about the dead, as their names will shape our vocabularies. Yet we will need just as much strength, confidence, and love to speak about our future, to articulate, vocalize, and outline it. Like it or not, we will have to renew our sense of time, perspective, and continuity. We are fated to have a future. Moreover, we bear responsibility for it. Now, it is shaped by our visions, our convictions, our willingness to take responsibility. We will work at returning our sense of the future, since there's just so much in our memories that demands our involvement tomorrow. We are all linked by this current that carries us, that won't let us go, that unites us. We are all linked by our language. Even if, at a certain moment, its capabilities seem limited or insufficient. Nevertheless, we will be forced to return to it and its capabilities which give us hope that, in the future, there will not be any misunderstandings or anything left unsaid. Sometimes language seems weak. Actually, though, in many cases, it is a source of energy. It can step away from you for some time, but it isn't capable of betraying you, which is what matters most. As long as we have our language, we have, at the very least, the vague chance to articulate ourselves, speak the truth, and tidy up our memories. So we speak and we go on speaking. Even when words hurt our throats. Even when they make us feel lost and empty. The possibility of truth is behind our voices. And it's worth taking advantage of this opportunity. This may be the most important thing that could happen to us.

Translated into English by Isaac Stackhouse Wheeler
and Reilly Costigan-Humes.

Сергій Жадан

Хай це буде текст не про війну

У нього чорні натруджені руки – мастило в'їлося в шкіру, застигло під нігтями. Люди з такими руками зазвичай вміють і люблять працювати. Інша річ – в чому саме полягає їхня робота. Невисокого зросту, тихий, заклопотаний – стоїть, пояснює щось про ситуацію на фронті, про свою бригаду, про техніку, на якій йому – водієві одного з підрозділів – доводиться їздити. Раптом на щось зважується, говорить: ви ж, – говорить, – волонтери, купіть нам холодильник. Для чого тобі на фронті холодильник? – Не розуміємо ми. – Якщо потрібно – поїхали в супермаркет, вибереш собі, ми купимо. Та ні, – пояснює, – ви не розумієте: мені машина з великим холодильником потрібна. Рефрижератор. Загиблих вивозити. Ми знаходимо тіла, які лежать на сонці більше місяця, вивозимо їх мікроавтобусом, дихати неможливо. Говорить про загиблих, як про свою роботу – спокійно й зважено, без бравади, але й без істерики. Ми обмінюємося контактами. За тиждень знаходимо в Литві рефрижератор, приганяємо його до Харкова. Він із бійцями приїжджає цілою командою, вони урочисто забирають автівку, фотографуються з нами для звіту. Наш знайомий цього разу зі зброєю, в чистому одязі. Хоча руки, якщо придивитися, так само чорні – робота в нього щоденна, тяжка, руки про це свідчать найкраще.

◇

Що першою чергою змінює війна? Відчуття часу, відчуття простору. Дуже швидко змінюється контур перспективи, контур часової протяжності. Людина в просторі війни намагається не вибудовувати собі планів на майбутнє, пробує не надто думати про те, яким цей світ буде назавтра. Вагу і значення має лише те, що відбувається з тобою тут і тепер, сенс мають лише речі та люди, які будуть із тобою максимум завтра зранку – якщо ти виживеш і прокинешся. Головною задачею лишається вціліти, прорватися ще на півдоби вперед. Потім, пізніше, буде видно, буде зрозуміло як діяти далі, як себе поводити, на що в цьому житті спиратися, від чого відштовхуватися. Це стосується, великою мірою, і військових, і тих, хто в якості «цивільного» (себто – неозброєного) лишається в зоні наближення до смерті. Саме це відчуття супроводжує тебе від першого дня великої війни – відчуття часового зламу, відсутності тяглості, відчуття спресованості повітря, коли дихати стає важко від того, що реальність тисне, намагаючись витиснути тебе по той бік життя, по той бік видимого. Спресованість подій та емоцій, розчинення в кривавому густому потоці, який огортає та підхоплює – реальність війни кардинально різниться від реальності миру саме цим тиском, пресом, неможливістю вільно дихати й легко говорити. А говорити, поза тим, потрібно. Навіть під час війни. Особливо під час війни.

Ще війна, безперечно, змінює мову, її архітектуру, поле її функціонування. Війна, подібно до черевика зайди, чужого, порушує мурашник мовлення. По тому мурашки – себто носії порушеної мови – намагаються гарячково відновити поруйновану структуру, навести лад у тому, до чого звикли, з чим жили. Зрештою, все повертається на свої місця. Але ось ця неспроможність скористатися звичними механізмами, вірніше – неспроможність попередніх – мирних, довоєнних – конструкцій передати твій стан, пояснити твої лють, біль та надію – вона особливо болюча та нестерпна. Особливо, якщо ти звик довіряти мові, звик покладатися на її можливості, що видавалися тобі майже невичерпними. А ось, виявляється, що можливості мови обмежені – обмежені новими обставинами, новим ландшафтом: ландшафтом, що прописується в просторі смерті, просторі катастрофи. Робота кожної окремої мурахи – відновлювати загальну злагодженість цього колективного мовлення, загального звучання, комунікації, порозуміння. Ким у цьому випадку постає письменник? Тією ж таки мурахою, занімілою, як і всі. Від початку війни ми всі повертаємо собі цю порушену здатність – здатність зрозумілого висловлювання. Ми всі намагаємось пояснити – себе, свою правду, межі своєї порушеності й травмованості. Література, можливо, має в цьому випадку трішки більше шансів. Оскільки генетично пов'язана з усіма попередніми мовними катастрофами та розламами.

Як говорити про війну? Як давати собі раду з інтонаціями, в яких так багато відчаю, люті, образи, але разом із тим – сили й готовності не кидати своїх, не відступатися? Мені здається, проблема з проговоренням найважливішого нині не лише в нас самих – світ, який нас слухає, теж не завжди здатен зрозуміти просту річ – ми говоримо, маючи надто різний рівень мовної емоційності, мовної напруги, мовної відкритості. Українці не мають виправдовуватися за свої емоції, проте добре було б ці емоції пояснити. Для чого? Бодай для того, аби далі не тримати при собі увесь цей біль і весь цей гнів. Ми зможемо пояснити себе, ми зможемо проговорити все, що з нами сталося і ще станеться. Просто потрібно бути готовими до того, що це буде доволі непроста розмова. Але її так чи інакше потрібно починати вже сьогодні.

Тут видається важливим момент різного навантаження й забарвлення нашої лексики. Це ніби й про оптику, про інший погляд, іншу точку зору, але передусім усе ж таки – про мову. Іноді видається, що світ, дивлячись на те, що чиниться останні півроку на сході Європи, користується лексикою та означеннями, які давно нічого не пояснюють у тому, що відбувається. Скажімо, що має на увазі світ (розумію ефемерність та абстрактність цього означення, але все ж використаю саме його), говорячи про необхідність миру? Здавалося б, ідеться про припинення війни, про завершення збройного протистояння, про той момент, коли замовкає артилерія й настає тиша. Здавалося б, це та річ, яка має приводити нас до порозуміння. Адже насправді – чого ми, українці, хочемо найбільше? Звісно, що завершення цієї війни. Звісно, що миру. Звісно, що припинення обстрілів. Особисто я, як людина, що живе на вісімнадцятому поверсі в центрі Харкова, де з горішніх вікон можна побачити запуск росіянами ракет із сусіднього Бєлгорода – гаряче й палко хочу завершення ракетних ударів, завершення війни, повернення до нормальності, до природності існування. То що ж так часто насторожує українців у заявах європейських інтелектуалів чи європейських політиків про необхідність миру? Звісно, що не заперечення необхідності миру. Скоріше, розуміння, що мир не настане лише тому, що жертва агресії склала зброю. Мирне населення Бучі, Гостомеля та Ірпеня зброї взагалі не мало. Що не вберегло цих людей від жахливої смерті. Харків'яни, яких росіяни регулярно й хаотично розстрілюють ракетами, теж не тримають у руках зброї. Що вони, на думку прихильників швидкого миру за будь-яку ціну, мали б зробити? Де для них мала б проходити лінія між підтримкою миру й непідтримкою опору? Просто річ у тім, на мою думку, що говорячи нині про мир, у контексті цієї кривавої, драматичної, розв'язаної Росією війни, дехто не хоче помічати простого факту: миру без справедливості не буває. Бувають різні форми замороженого конфлікту, бувають тимчасово окуповані території, бувають міни уповільненої дії, камуфльовані під політичні компроміси, проте миру – справжнього миру, того, який дає відчуття безпеки та перспективи – на жаль, не буває. І закидаючи нині українцям готовність не здаватися як ледь не ознаку мілітаризму та радикалізму, частина європейців (мушу зазначити – доволі незначна, а втім) чинить дивовижну річ – намагаючись лишитися в зоні комфорту, вона благополучно виходить поза межі етики. І це вже питання не до українців – це питання до світу, до його готовності (чи не готовності) проковтнути чергове, тотальне, безконтрольне зло на догоду сумнівній меркантильності та фальшивому пацифізму.

Адже для декого це виявилося доволі зручною формою перекладання з себе відповідальності – апеляція до людей, які захищають свої життя, звинувачення саме жертви, зміщення акцентів, маніпулювання добрими й позитивними гаслами. Натомість усе куди простіше: ми допомагаємо своєму війську не тому, що нам хочеться війни, а саме тому, що нам дуже хочеться миру. Ось тільки пропонований нам під виглядом миру м'який і ненав'язливий спосіб капітуляції не є шляхом до мирного життя й відбудови наших міст. Можливо, капітуляція українців допоможе європейцям зекономити на енергоносіях, проте як будуть почуватися самі європейці, усвідомлюючи (а цього не можна буде не усвідомити), що тепло їхніх домівок оплачене зруйнованими долями та будинками людей, які теж хотіли жити в мирній і спокійній країні?

◇

Просто, повторюся, справа в мові. В тому, наскільки точно та доречно ми використовуємо ті чи інші слова, наскільки вивіреною є наша інтонація, коли ми говоримо про перебування на зламі між життям та смертю. Наскільки нашої попередньої лексики – тієї лексики, яка ще вчора цілком успішно дозволяла нам проговорювати цей світ – так ось, наскільки нам її вистачає тепер, аби говорити про те, що болить чи навпаки – дає сили? Адже ми всі опинилися нині в тій точці мовлення, з якої раніше не говорили, відповідно, маємо нині зміщену систему оцінок та сприйняття, змінені координати сенсу, змінені кордони доцільності. Те, що зовні, збоку, може видатися розмовами про смерть, насправді дуже часто є відчайдушною спробою зачепитися саме за життя, за його можливість, за його тяглість. Загалом, де в цій новій, зламаній, зміщеній реальності, завершується тема війни, де починається зона миру? Рефрижератор із тілами загиблих – це ще про мир чи вже про війну? Жінки, яких вивозиш у місця, де немає обстрілів – це підтримка чого? Мирного вирішення конфлікту? Куплений тобою для військового турнікет, який рятує йому життя – це ще гуманітарна допомога чи вже допомога тим, хто воює? І загалом – допомога тим, хто воює за тебе, за цивільних у підвалах, за дітей у метрополітені – це поза межами пристойної розмови про добро та емпатію? Ми повинні нагадувати про своє право на подальше існування в цьому світі, чи це право є очевидним і незаперечним?

Сталося так, що багато речей, явищ та понять нині потребують якщо й не пояснення, то щонайменше нагадування, нового проговорення, нового прийняття. Війна зазвичай показує те, що довго намагаються не помічати, війна – це час незручних питань і важких відповідей. Ця війна, розпочата російською армією, раптом теж означила цілий набір питань, що виходять далеко поза контекст російсько-українських стосунків. Нам так чи інакше доведеться ближчими роками говорити на незручні теми – теми популізму та подвійних стандартів, теми безвідповідальності та політичного конформізму, теми етики, що, як виявилося, давно й безнадійно зникла з лексикону тих, хто приймає доленосні рішення в сучасному світі. Можна сказати, що ці теми стосуються політики, що говорити нам доведеться саме про неї – про політику. А втім, політика в цьому випадку – лише ширма, прикриття, можливість оминати гострі кути й не називати речі своїми іменами. А речі потребують саме цього – аби їх називали своїми іменами. Аби злочини називали злочинами. Аби свободу називали свободою. Аби підлість називали підлістю. В часи війни подібні лексеми звучать особливо виразно та загострено. Оминути їх, не поранившись, дуже важко. Та й не треба їх оминати, зовсім не треба.

Це печально й показово – ми говоримо про премію миру в той час, коли в Європі знову триває війна. Триває не так далеко звідси. Триває насправді не перший рік. Всі ці роки, доки вона тривала, премія миру теж вручалася. Справа, звісно, не в премії як такій. Справа в тому, наскільки Європа нині готова сприймати цю нову реальність – реальність, в якій є зруйновані міста (з якими ще донедавна можна було вести спільний бізнес), реальність, в якій є братські могили (де лежать громадяни України, які ще вчора могли приїздити в німецькі міста на шопінг чи до музеїв), реальність, в якій є фільтраційні табори для українців, що потрапили в окупацію (табори, окупація, колаборанти – слова, які навряд чи використовуються в повсякденній мові європейців). Справа також і в тім, як нам усім далі в цій реальності жити – зі зруйнованими містами, спаленими школами, знищеними книжками. Передусім – із тисячами загиблих, тими, хто ще вчора жив нормальним мирним життям, вибудовував плани, жив своїми клопотами, спирався на власну пам'ять. Згадка про пам'ять тут теж є важливою, і ось чому. Війна – це не просто інакший досвід. Говорити так – це говорити про поверхове, те, що лежить на поверхні, те, що багато чого описує, проте мало чого пояснює. Насправді, війна змінює нашу пам'ять, наповнюючи її надто болючими спогадами, надто глибокими травмами й надто гіркими розмовами. Ти вже не зможеш позбутися цих спогадів, тобі не вдасться виправити минуле. Воно буде відтепер частиною тебе самого. І навряд чи кращою частиною. Ось цей процес заціпеніння й відновлення дихання, досвід замовкання й пошуку нової мови – він надто болючий, аби після нього ти далі міг безтурботно мовити про прекрасний світ за вікном. Поезія після Бучі та Ізюму, безперечно, можлива, більше того – необхідна. Проте тінь Бучі та Ізюму, їхня присутність будуть надто багато важити в цій післявоєнній поезії, багато в чому визначаючи її наповненість і тональність. Це болісне, проте необхідне усвідомлення того, що відтепер контекстом писаних в твоїй країні віршів будуть братські могили та розбомблені мікрорайони – воно, звісно, не додає оптимізму, проте додає розуміння того, що мова потребує нашої щоденної роботи, нашої постійної дотичності, нашої долученості. Зрештою, що в нас є для того, аби виговорити себе, аби себе пояснити? Наша мова і наша пам'ять.

Від кінця лютого, себто від початку цієї масакри, чітко відчувалося, як час втрачає свою звичну розміреність, своє перетікання. Власне, він став подібним на зимове річище, що промерзає до дна, зупиняючи біг і паралізуючи всіх, хто опинився посеред цього застиглого потоку. Ми опинилися в цій щільній застиглості, посеред холодного безчасся. Дуже добре пам'ятаю цю безпорадність – коли не відчуваєш руху, коли губишся серед тиші, не в стані розгледіти, що там – попереду, перед тобою, в мороці й тиші. Час війни – це справді час порушеної панорами, обірваних комунікацій між минулим і майбутнім, час максимально гострого й гіркого відчуття теперішнього, занурення в простір, який тебе оточує, фокусування на миті, яка тебе виповнює. В цьому є певні ознаки фаталізму, коли ти перестаєш будувати плани й думати про майбутнє, намагаючись передусім закорінитись у теперішньому, саме під цим небом, яке розгортається над тобою і єдине нагадує, що час таки минає, дні змінюються ночами, за весною обов'язково прийде літо, і, попри всю застиглість твоїх відчуттів, попри все заціпеніння, життя триватиме, воно не спиняється ні на мить, вміщуючи в собі всі наші радощі та страхи, весь наш відчай і всю надію. Просто змінилася дистанція між тобою та реальністю. Реальність стала ближчою. Реальність стала страшнішою. З цим тепер доведеться жити.

Що іще, окрім мови та пам'яті? Що в нас змінилося ще? Що нас тепер вирізнятиме в будь-якій компанії, в будь-якому натовпі? Можливо, очі. Вони вбирають у себе зовнішній вогонь, у них тепер завжди лишатиметься цей відблиск. Погляд людини, яка зазирала за межі видимого, яка вдивлялася в темряву й навіть змогла щось там розгледіти – цей погляд завжди буде різнитися, оскільки надто значимі речі в ньому відбиваються.

◇

Навесні, десь у травні, ми приїхали з виступом до військової частини, яка вийшла на перепочинок після тривалих важких боїв. Частину ми знаємо давно – регулярно їздили до них із виступами, починаючи з 2014-го. Передмістя Харкова, свіжа зелень, футбольне поле, невеличкий актовий зал. Багатьох бійців ми знаємо особисто. Багато хто, старі друзі, харків'яни, пішов воювати цієї весни. Незвично бачити їх у військовій формі, зі зброєю в руках. І ще незвичними є очі – ніби застиглий метал, ніби скло, що відбиває пожежу. Йшов другий місяць великої війни, вони встигли побувати в окопах під російськими обстрілами. Стоять тепер, посміхаються, жартують. І ці очі, в яких можна побачити два місяці пекла. «Я встиг, – розповідає один, – побувати в госпіталі. Росіяни стріляли фосфорними снарядами, мені прилетіло. Але нічого – живий, здоровий. Незабаром знову на фронт». Той випадок, коли просто не знаєш, що відповісти – мова зраджує, мови не вистачає, потрібні слова лише шукаються. Але знайдуться обов'язково.

Якою буде наша мова по війні? Що нам потрібно буде одне одному пояснити? Передусім, нам потрібно буде вголос вимовляти імена загиблих. Вони мають бути названі.

Інакше це буде велика розірваність мови, порожнеча поміж голосів, розлам у пам'яті. Нам знадобиться багато сили та віри, аби говорити про наших загиблих. Оскільки з їхніх імен будуть формуватися наші словники. Але не менше сили, впевненості й любові нам потрібно буде, аби говорити про майбутнє, аби озвучити його, проговорити, окреслити. Нам так чи інакше доведеться знову відновлювати відчуття часу, відчуття перспективи, відчуття тяглості. Ми приречені на майбутнє, більше того – ми відповідальні за нього. Воно нині формується з наших візій, з наших переконань, з нашої готовності брати на себе відповідальність. Ми будемо повертати собі відчуття свого майбутнього, оскільки надто багато лишається в нашій пам'яті такого, що потребує нашої задіяності завтра. Ми всі пов'язані цим потоком, який несе нас, який не відпускає, який поєднує. Ми всі пов'язані нашою мовою. І навіть якщо якоїсь миті можливості її видаються нам обмеженими та недостатніми, ми так чи інакше змушені будемо повертатися до цих її можливостей, які дають нам надію на те, що в майбутньому поміж нами не буде недоговореностей чи непорозумінь. Мова іноді видається слабкою. Проте саме вона в багатьох випадках є джерелом сили. Вона може відступити від тебе на якийсь час, проте вона нездатна зрадити. Це і є головним та визначальним. Доки у нас є наша мова – доти у нас є бодай примарні шанси пояснити себе, проговорити свою правду, навести лад у своїй пам'яті. Тому говорімо, говорімо. Навіть, коли наші слова ранять горло. Навіть, коли від них почуваєшся загублено й порожньо. За голосом стоїть можливість правди. І варто цією можливістю скористатись. Можливо, це взагалі найважливіше, що з нами всіма може статися.

Serhij Zhadan, geboren am 23. August 1974 in Starobilsk im Gebiet Luhansk der (damaligen Sowjetrepublik) Ukraine, ist Schriftsteller, Übersetzer und Musiker. Er zählt zu den wichtigsten, innovativsten und bekanntesten Stimmen der ukrainischen Gegenwartsliteratur. Sein vielgestaltiges literarisches Werk setzt sich aus Romanen, Gedichten, Erzählungen, Reportagen und Essays zusammen und widmet sich insbesondere der Zeit nach dem Zerfall der Sowjetunion sowie dem seit 2014 in der Ukraine herrschenden Krieg. Schauplätze seiner Texte sind in erster Linie die Stadt Charkiw und die Ostukraine, für die er sich auch sozial und kulturell engagiert und angesichts des aktuellen Kriegs humanitäre Hilfe leistet. Obwohl in einer überwiegend russischsprachigen Gegend aufgewachsen, schreibt Zhadan auf Ukrainisch. Seine Bücher wurden in zahlreiche Sprachen übersetzt und haben internationale Preise erhalten. Am 23. Oktober 2022 erhält der Schriftsteller den Friedenspreis des Deutschen Buchhandels.

◇

In Charkiw, der zweitgrößten Stadt der Ukraine, studiert Zhadan Literaturwissenschaft, Ukrainistik sowie Germanistik und promoviert 1996 mit einer Arbeit zum ukrainischen Futurismus. Er lehrt zunächst als Dozent an der Universität und beginnt dann als freischaffender Schriftsteller zu arbeiten. Schon Anfang der 1990er Jahre veröffentlicht er erste Gedichte, organisiert Literatur- und Musikfestivals und prägt die junge Kulturszene der Stadt. In seinen frühen literarischen Werken, wie in dem Romandebüt »Depeche Mode« (2007, Orig. 2004), setzt er sich mit der postsowjetischen Umbruchszeit auseinander und beschreibt den Versuch der Menschen, sich neu zu verorten. Sein dritter Roman »Die Erfindung des Jazz im Donbass« (2012, Org. 2010), eine Art Road-Novel, spielt im Industrierevier Donbass, das mit surrealen Elementen und einer anarchischen Erzählweise poetisch aufgeladen wird – der Traum von Freiheit und die Suche nach Heimat treffen hier aufeinander. Die ukrainische BBC wählt den Text 2014 zum »Buch des Jahrzehnts«.

In seinem 2015 auf Deutsch erschienene Roman »Mesopotamien« (Orig. 2014) porträtiert Zhadan in einer Melange aus Prosa und Lyrik seine Heimatstadt Charkiw, die im Buch als modernes Babylon erscheint. Zwei Flüsse trennen das ›Zweistromland‹ in Ober- und Unterstadt. Während Krieg und Gewalt schwelen, kämpfen die hier lebenden Menschen um die eigene Existenz, sie werden getrieben von ihrer Sehnsucht nach Liebe, die sie der Hoffnungslosigkeit und dem Tod entgegensetzen.

Zhadans jüngster Roman »Internat« (2018, Orig. 2017), dessen Übersetzung mit dem Preis der Leipziger Buchmesse ausgezeichnet wurde, erzählt vom Krieg im Donbass. Hauptfigur ist ein Lehrer, der durch das Kriegsgebiet im Donezbecken reisen muss, um seinen Neffen aus dem Internat abzuholen. Sein Weg führt durch ein apokalyptisches Szenario. Im dichten Nebel gerät er immer wieder zwischen die Frontlinien und wird mit der Frage konfrontiert, ob man im Krieg neutral bleiben kann.

In seinen Gedichten und Erzählungen – beginnend mit dem Lyrikband »Die Geschichte der Kultur zu Anfang des Jahrhunderts« (2006, Orig. 2003) über »Hymne der demokratischen Jugend. Erzählungen« (2009, Orig. 2006) bis hin zu den empfindsamen Gedichten in »Antenne« (2020, Orig. 2018) – beweist Serhij Zhadan eine Vielstimmigkeit, die auch von seiner Nähe zur Musik geprägt ist. Punk und Poesie treffen aufeinander. Im Zentrum aber stehen immer die Menschen, vor allem die sogenannten Underdogs, die Unscheinbaren in ihrer Unterschiedlichkeit und Individualität. Sein konkreter, expressiver Ausdruck wird von der Kritik dabei genauso gelobt wie der zuweilen ironische Ton oder die dokumentarische Genauigkeit, die in seinen Texten zu finden sind.

◇

Neben seiner schriftstellerischen Tätigkeit übersetzt Zhadan auch Lyrik aus dem Deutschen, Englischen, Belarussischen sowie aus dem Russischen. So überträgt er unter anderem die Gedichte Paul Celans und Charles Bukowskis ins Ukrainische. Darüber hinaus verfasst Zhadan Songtexte für verschiedene Rockbands, unter anderem für die Band »Zhadan & Sobaki« (»Zhadan und die Hunde«), mit der er seit 2007 als Sänger Musik macht. Nach der russischen Annexion der Halbinsel Krim 2014 und der Besetzung des Donbass reist er mit der Band durch das ukrainische Kriegsgebiet und spielt Konzerte für die Soldaten. Hatte er sich 2004 als Aktivist an der Orangenen Revolution beteiligt und 2013 die landesweiten Maidan-Proteste sowie die pro-europäische Bewegung unterstützt, so begleitet er seit Ausbruch des Kriegs 2014 humanitäre Hilfsgütertransporte in die Ostukraine. Er initiiert außerdem ein Projekt, das Bibliotheken in den Regionen Donezk und Luhansk mit Büchern versorgt und gründet 2017 eine Stiftung (Serhiy Zhadan Charitable Foundation), um Bildungs- und Kulturinitiativen in diesem Landesteil zu fördern. Auch im Jahr 2022, nach dem russischen Angriffskrieg gegen die Ukraine, setzt Zhadan sein kulturelles Engagement und seine humanitäre Hilfe fort: Er lebt weiterhin in Charkiw, spielt Konzerte in Metrostationen, holt Menschen aus stark umkämpften Vierteln heraus, liest Gedichte und verteilt Hilfsgüter in der Stadt. Seine in mehrere Sprachen übersetzten Artikel über die Situation in der Ukraine sind aktuelle Zeitdokumente darüber, wie die dort lebenden Menschen im Angesicht von Gewalt und Bedrohung versuchen, ihren Alltag zu organisieren.

2022 Friedenspreis des Deutschen Buchhandels

2022 Sérgio Vieira de Mello-Preis

2022 Hannah-Arendt-Preis für politisches Denken

2022 Freiheitspreis der Frank-Schirrmacher-Stiftung

2022 EBRD Literature Prize (zusammen mit den Übersetzer*innen
      Reilly Costigan-Humes und Isaac Stackhouse Wheeler)

2021 Derek Walcott Prize for Poetry

2020 Drahomán Prize für die Übersetzerin Claudia Dathe
      von »Antenne«

2018 Preis der Leipziger Buchmesse für die Übersetzer*innen
      Juri Durkot und Sabine Stöhr von »Internat«

2017 Vasyl-Stus-Preis des ukrainischen PEN-Zentrums

2015 Mitteleuropäischer Literaturpreis Angelus (Polen)

2014 Brücke Berlin Literatur- und Übersetzerpreis an Serhij Zhadan,
      Juri Durkot und Sabine Stöhr

2014 Schweizer Literaturpreis der Jan-Michalski-Stiftung

2009 Joseph Conrad-Korzeniowski Literary Prize

2006 Hubert Burda Preis für junge Lyrik

2002 Samuel-Bogumil-Linde-Literaturpreis

Serhiy Zhadan is a novelist, poet, translator and musician who was born on 23 August 1974 in Starobilsk, Luhansk Oblast, in the former Soviet Republic of Ukraine. He is one of the most important, innovative and best-known voices in contemporary Ukrainian literature. His multifaceted literary oeuvre comprises novels, poems, short stories, reportages and essays devoted in particular to the period of time from the collapse of the Soviet Union to the war that has been raging in Ukraine since 2014. Zhadan sets his stories primarily in the city of Kharkiv and in eastern Ukraine; these are also areas where he is socially and culturally active and where he has provided humanitarian aid throughout the current conflict. Even though he grew up in a predominantly Russian-speaking environment, Zhadan writes in Ukrainian. His books have been translated into numerous languages and won a number of international prizes. On 23 October 2022 he will receive the Peace Prize of the German Book Trade.

◇

Serhiy Zhadan studied literature, Ukrainian studies and German studies at university in Kharkiv, the second largest city in Ukraine. In 1996, he received his doctorate with a thesis on Ukrainian Futurism. After initially working as a lecturer at university, he then began to work as a freelance writer. In the early 1990s, he published his first poems and started organising literary and music festivals, thereby influencing the city's cultural scene. In several of his early literary works – for example, in his debut novel »Depeche Mode« (Ukrainian edition, 2004; English edition, 2013) – he explores the national and personal upheavals associated with the post-Soviet era and illustrates the efforts of people in Ukraine to come to terms with their new circumstances. His third novel, the German title of which is »Die Erfindung des Jazz im Donbass« (tr. The invention of jazz in Donbas; Ukrainian edition, 2010; German edition, 2012), boasts an anarchic narrative style and functions as a kind of ›road novel‹ through the Donbas industrial region, to which the author lends surreal elements and a poetical charge. With this fantastical landscape as a backdrop, the novel's protagonist sets out on a quest to find some kind of home in a world of increasingly dissolving frontiers. In 2014, the Ukrainian BBC chose this work as its »Book of the Decade«.

In his novel »Mesopotamien« (Ukrainian edition, 2014; German edition, 2015), Zhadan uses a mixture of prose and poetry to portray his hometown of Kharkiv, which is depicted as a modern-day Babylon. Two bodies of water divide the »land of the two rivers«into an upper and lower city. While war and violence rage on, the people of the city struggle to survive, driven by their longing for love, a sentiment they use as a means to defy hopelessness and death.

Zhadan's most recent novel »The Orphanage« (Ukrainian edition, 2017; English edition, 2021) – the German translation of which (»Internat«, 2018) was awarded the top prize for translation at the Leipzig Book Fair that year – takes readers to the war in Donbas. The main character is a teacher who must travel through the war zone to pick up his nephew from boarding school. His journey leads him through an apocalyptic setting, and in the dense fog he repeatedly gets caught between the front lines, where he is ultimately confronted with the question of whether a person can remain neutral in times of war.

In his poems and short stories – from the collection of poetry »Die Geschichte der Kultur zu Anfang des Jahrhunderts« (Ukrainian edition, 2003; German edition, 2006) and »Hymne der demokratischen Jugend. Erzählungen« (Ukrainian edition, 2006; German edition, 2009) to the sensitive poems of »Antenne« (Ukrainian edition, 2018; German edition, 2020) – Serhiy Zhadan exhibits a polyphony of voices and demonstrates his proximity to the world of music. This is where punk meets poetry. Still, the focus is always on people, especially on so-called underdogs, that is, on those people who initially appear unremarkable in terms of their individuality and difference. Critics have heaped equal amounts of praise on the author's concrete and articulate form of expression as on his sometimes ironic tone and documentary-like accuracy.

◇

In addition to his work as a writer, Zhadan has also translated poetry from German, English, Belarusian and Russian into Ukrainian, including poems by Paul Celan and Charles Bukowski. He also writes lyrics for various rock bands, including »Zhadan & Sobaki« (»Zhadan an the Dogs«), for which he's been the lead singer since 2007. After the Russian annexation of the Crimean Peninsula in 2014 and the occupation of Donbas, Zhadan travelled with the band through the Ukrainian war zone and played concerts for the soldiers. In 2004, he was active in the Orange Revolution and in 2013 supported the nationwide Maidan protests as well as the pro-European movement. After the outbreak of the war in 2014, he helped organise humanitarian aid shipments to eastern Ukraine. He also initiated a project that provides books to libraries in the Donetsk and Luhansk regions. In 2017, he launched the Serhiy Zhadan Charitable Foundation, which works to support educational and cultural initiatives in that part of the country.

Even after the start of the Russian war of aggression against Ukraine in 2022, Zhadan continued his cultural activism and humanitarian aid: he still lives in Kharkiv, plays concerts in subway stations, helps civilians escape gunfire and shelling, gives poetry readings and distributes aid in the city. His first-hand reports on the situation in Ukraine have been translated into several languages and provide up-to-the-minute documents on how those affected seek to go about their daily lives in the face of violence and threats.

AWARDS

2022 Peace Prize of the German Book Trade

2022 The Polish Prize of Sérgio Viera de Mello

2022 Hannah Arendt Prize for Political Thought

2022 Freedom Prize of the Frank Schirrmacher Foundation

2022 EBRD Literature Prize (together with translators Reilly Costigan-Humes and Isaac Stackhouse Wheeler)

2021 Derek Walcott Prize for Poetry

2020 Drahomán Prize fort the German translator Claudia Dathe for »Antenne«

2018 Prize of the Leipzig Book Fair for the German translators Juri Durkot and Sabine Stöhr for »Internat« (tr. »The Orphanage«)

2017 Vasyl Stus Prize

2015 Angelus Central European Literature Award

2014 Brücke Berlin Award for Literature and Translation

2014 Jan Michalski Prize for Literature

2009 Joseph Conrad-Korzeniowski Literary Prize

2006 Hubert Burda Prize for Poetry

2002 Samuel Bogumil Linde Literature Prize

BIBLIOGRAPHIE
BIBLIOGRAPHY

»Himmel über Charkiw. Nachrichten vom Überleben im Krieg«
Aus dem Ukrainischen von Juri Durkot und Sabine Stöhr,
Suhrkamp Verlag, Berlin 2022.

»Antenne. Gedichte«
Aus dem Ukrainischen von Claudia Dathe,
Suhrkamp Verlag, Berlin 2020 (3. Aufl. 2022, Orig. 2018).

»Internat. Roman«
Aus dem Ukrainischen von Juri Durkot und Sabine Stöhr,
Suhrkamp Verlag, Berlin 2018 (4. Aufl. 2022, Orig. 2017).

»Warum ich nicht im Netz bin. Gedichte und Prosa aus dem Krieg«
Aus dem Ukrainischen von Claudia Dathe,
Suhrkamp Verlag, Berlin 2016 (3. Aufl. 2022).

»Laufen ohne anzuhalten. Erzählung«
Aus dem Ukrainischen von Sabine Stöhr,
Haymon Verlag, Innsbruck 2016 (2. Aufl. 2022).

»Mesopotamien. Roman«
Aus dem Ukrainischen v. Claudia Dathe, Juri Durkot u. Sabine Stöhr,
Suhrkamp Verlag, Berlin 2015 (4. Aufl. 2022, Orig. 2014).

»Die Erfindung des Jazz im Donbass. Roman«
Aus dem Ukrainischen von Juri Durkot und Sabine Stöhr,
Suhrkamp Verlag, Berlin 2012 (4. Aufl. 2022, Orig. 2010).

»Totalniy Futbol. Eine polnisch-ukrainische Fußballreise«
Aus dem Ukrainischen von Lisa Palmes, Sabine Stöhr und anderen
herausgegeben von Serhij Zhadan mit einem Fotoessay von Kirill
  Golovchenko,
Suhrkamp Verlag, Berlin 2012.

»Big Mäc. Geschichten«
Aus dem Ukrainischen von Claudia Dathe,
Suhrkamp Verlag, Berlin 2011 (Orig. 2011).

»Hymne der demokratischen Jugend. Erzählungen«
Aus dem Ukrainischen von Juri Durkot und Sabine Stöhr,
Suhrkamp Verlag, Frankfurt am Main 2009 (2. Aufl. 2011, Orig. 2006).

»Die Selbstmordrate bei Clowns. Erzählungen«
Aus dem Ukrainischen von Claudia Dathe,
mit Fotografien Jacek von Dziaczkowski,
Edition FotoTapeta, Berlin, Warschau 2009 (2. Aufl.).

»Anarchy in the UKR. Roman«
Aus dem Ukrainischen von Juri Durkot und Sabine Stöhr,
Suhrkamp Verlag, Frankfurt am Main 2007 (2. Aufl. 2016, Orig. 2005).

»Depeche Mode. Roman«
Aus dem Ukrainischen von Juri Durkot und Sabine Stöhr,
Suhrkamp Verlag, Frankfurt am Main 2007 (5. Aufl. 2022, Orig. 2004).

»Die Geschichte der Kultur zu Anfang des Jahrhunderts. Gedichte«
Aus dem Ukrainischen von Claudia Dathe,
Suhrkamp Verlag, Frankfurt am Main 2006 (Orig. 2003).

DIE FRIEDENSPREISTRÄGER*INNEN
und ihre Laudator*innen
PREVIOUS WINNERS OF THE PEACE PRIZE
and their laudatory speakers

1950 Max Tau – *Adolf Grimme*

1951 Albert Schweitzer – *Theodor Heuss*

1952 Romano Guardini – *Ernst Reuter*

1953 Martin Buber – *Albrecht Goes*

1954 Carl J. Burckhardt – *Theodor Heuss*

1955 Hermann Hesse – *Richard Benz*

1956 Reinhold Schneider – *Werner Bergengruen*

1957 Thornton Wilder – *Carl J. Burckhardt*

1958 Karl Jaspers – *Hannah Arendt*

1959 Theodor Heuss – *Benno Reifenberg*

1960 Victor Gollancz – *Heinrich Lübke*

1961 Sarvepalli Radhakrishnan – *Ernst Benz*

1962 Paul Tillich – *Otto Dibelius*

1963 Carl Friedrich von Weizsäcker – *Georg Picht*

1964 Gabriel Marcel – *Carlo Schmid*

1965 Nelly Sachs – *Werner Weber*

1966 Augustin Kardinal Bea und
W. A. Visser 't Hooft – *Paul Mikat*

1967 Ernst Bloch – *Werner Maihofer*

1968 Léopold Sédar Senghor – *François Bondy*

1969 Alexander Mitscherlich – *Heinz Kohut*

1970 Alva und Gunnar Myrdal – *Karl Kaiser*

1971 Marion Gräfin Dönhoff – *Alfred Grosser*

1972 Janusz Korczak (posthum) – *Hartmut von Hentig*

1973 The Club of Rome – *Nello Celio*

1974 Frère Roger, Prior von Taizé – *(keine Laudatio)*

1975 Alfred Grosser – *Paul Frank*

1976 Max Frisch – *Hartmut von Hentig*

1977 Leszek Kołakowski – *Gesine Schwan*

1978 Astrid Lindgren – *Hans-Christian Kirsch, Gerold U. Becker*

1979 Yehudi Menuhin – *Pierre Bertaux*

1980 Ernesto Cardenal – *Johann Baptist Metz*

1981 Lew Kopelew – *Marion Gräfin Dönhoff*

1982 George F. Kennan – *Carl Friedrich von Weizsäcker*

1983 Manès Sperber – *Siegfried Lenz*

1984 Octavio Paz – *Richard von Weizsäcker*

1985 Teddy Kollek – *Manfred Rommel*

1986 Władysław Bartoszewski – *Hans Maier*

1987 Hans Jonas – *Robert Spaemann*

1988 Siegfried Lenz – *Yohanan Meroz*

1989 Václav Havel – *André Glucksmann*

1990 Karl Dedecius – *Heinrich Olschowsky*

1991 György Konrád – *Jorge Semprún*

1992 Amos Oz – *Siegfried Lenz*

1993 Friedrich Schorlemmer – *Richard von Weizsäcker*

1994 Jorge Semprún – *Wolf Lepenies*

1995 Annemarie Schimmel – *Roman Herzog*

1996 Mario Vargas Llosa – *Jorge Semprún*

1997 Yaşar Kemal – *Günter Grass*

1998 Martin Walser – *Frank Schirrmacher*

1999 Fritz Stern – *Bronislaw Geremek*

2000 Assia Djebar – *Barbara Frischmuth*
2001 Jürgen Habermas – *Jan Philipp Reemtsma*
2002 Chinua Achebe – *Theodor Berchem*
2003 Susan Sontag – *Ivan Nagel*
2004 Péter Esterházy – *Michael Naumann*
2005 Orhan Pamuk – *Joachim Sartorius*
2006 Wolf Lepenies – *Andrei Pleșu*
2007 Saul Friedländer – *Wolfgang Frühwald*
2008 Anselm Kiefer – *Werner Spies*
2009 Claudio Magris – *Karl Schlögel*

2010 David Grossman – *Joachim Gauck*
2011 Boualem Sansal – *Peter von Matt*
2012 Liao Yiwu – *Felicitas von Lovenberg*
2013 Swetlana Alexijewitsch – *Karl Schlögel*
2014 Jaron Lanier – *Martin Schulz*
2015 Navid Kermani – *Norbert Miller*
2016 Carolin Emcke – *Seyla Benhabib*
2017 Margaret Atwood – *Eva Menasse*
2018 Aleida und Jan Assmann – *Hans Ulrich Gumbrecht*
2019 Sebastião Salgado – *Wim Wenders*

2020 Amartya Sen – *Frank-Walter Steinmeier*
2021 Tsitsi Dangarembga – *Auma Obama*
2022 Serhiy Zhadan – *Sasha Marianna Salzmann*